essentials

essentials liefern aktuelles Wissen in konzentrierter Form. Die Essenz dessen, worauf es als „State-of-the-Art" in der gegenwärtigen Fachdiskussion oder in der Praxis ankommt. *essentials* informieren schnell, unkompliziert und verständlich

- als Einführung in ein aktuelles Thema aus Ihrem Fachgebiet
- als Einstieg in ein für Sie noch unbekanntes Themenfeld
- als Einblick, um zum Thema mitreden zu können

Die Bücher in elektronischer und gedruckter Form bringen das Expertenwissen von Springer-Fachautoren kompakt zur Darstellung. Sie sind besonders für die Nutzung als eBook auf Tablet-PCs, eBook-Readern und Smartphones geeignet. *essentials:* Wissensbausteine aus den Wirtschafts-, Sozial- und Geisteswissenschaften, aus Technik und Naturwissenschaften sowie aus Medizin, Psychologie und Gesundheitsberufen. Von renommierten Autoren aller Springer-Verlagsmarken.

Weitere Bände in der Reihe http://www.springer.com/series/13088

Thorsten Piening · Saskia Kampmeyer

Suchmaschinen-marketing in der Personalakquise

Wie Sie mit Search Engine Advertising die richtigen Mitarbeiter finden

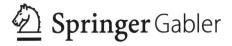 Springer Gabler

Thorsten Piening
qualitytraffic GmbH
Bielefeld, Deutschland

Saskia Kampmeyer
qualitytraffic GmbH
Bielefeld, Deutschland

ISSN 2197-6708   ISSN 2197-6716   (electronic)
essentials
ISBN 978-3-658-22805-7   ISBN 978-3-658-22806-4   (eBook)
https://doi.org/10.1007/978-3-658-22806-4

Die Deutsche Nationalbibliothek verzeichnet diese Publikation in der Deutschen Nationalbiblio-
grafie; detaillierte bibliografische Daten sind im Internet über http://dnb.d-nb.de abrufbar.

Gedruckt auf säurefreiem und chlorfrei gebleichtem Papier

Springer Gabler ist ein Imprint der eingetragenen Gesellschaft Springer Fachmedien Wiesbaden
GmbH und ist ein Teil von Springer Nature
Die Anschrift der Gesellschaft ist: Abraham-Lincoln-Str. 46, 65189 Wiesbaden, Germany

Was Sie in diesem *essential* finden können

- Einen kompakten Einstieg in das Thema Online Recruiting anhand eines Überblicks zu den Möglichkeiten der Personalakquise im Internet
- Einen fokussierten Blick auf das Suchmaschinenmarketing mit dem Schwerpunkt auf der Funktionsweise und den Möglichkeiten der Suchmaschinenwerbung in der Personalakquise
- Tipps und Hinweise zur Evaluation und Optimierung

Inhaltsverzeichnis

Einleitung

1

Unser Leben spielt sich heute in großen Teilen digital ab: Wir nutzen Smart Home-Technologien, kaufen online ein, kommunizieren in Echtzeit von überall auf der Welt und teilen unser Leben in sozialen Netzwerken. Im Schnitt sind wir täglich 278 min online (vgl. Koch und Frees 2017, S. 437, Tab. 4).

Eine Entwicklung, die vor dem Arbeitsmarkt ebenso wenig Halt macht: Auch die Akquise von Mitarbeitern und anschließende Bewerbungsprozesse sind vielfach zu großen Teilen digitalisiert worden.

In Zeiten der angehenden Vollbeschäftigung und des demografischen Wandels ist die Akquise von geeigneten Bewerbern für Unternehmen aller Branchen ein allgegenwärtiges Thema von großer Bedeutung. Unternehmen befinden sich im steten Wandel und sind laufend der Herausforderung ausgesetzt, Stellen neu zu besetzen, für neu geschaffene Stellen den optimalen Bewerber zu finden oder eine temporäre Lösung für zeitweise unbesetzte Stellen zu finden. Viele deutsche Unternehmen befinden sich im Wachstum und gehen davon aus, die Zahl ihrer Mitarbeiter weiter zu erhöhen (vgl. Weitzel 2017, S. 6). Hinzu kommt der wahrnehmbare Fachkräftemangel (vgl. Troesser 2017, S. 6).

Heute qualifizierte Mitarbeiter zu gewinnen ist jedoch angesichts der zahlreichen Möglichkeiten des Internets nicht leichter geworden: Mehr denn je ist es erforderlich, über ein grundlegendes Verständnis für die Mechanismen, nach denen vakante Stellen im Internet publiziert werden können und nach denen potenzielle Bewerber im Web handeln, zu verfügen. Daraus ergibt sich die zentrale Fragestellung:

▶ Wie lassen sich mithilfe des Internets effizient qualifizierte Bewerber akquirieren?

© Springer Fachmedien Wiesbaden GmbH, ein Teil von Springer Nature 2018
T. Piening und S. Kampmeyer, *Suchmaschinenmarketing in der Personalakquise,*
essentials, https://doi.org/10.1007/978-3-658-22806-4_1

Ziel dieses Buches ist es, Personen, die mit der Personalakquise betraut sind und die nach effizienten Wegen suchen, um geeignete Bewerber zu finden, einen kompakten Einstieg ins Thema zu ermöglichen und aufzuzeigen, wie sich insbesondere die Suchmaschinenwerbung als klassisches Tool aus dem Online Marketing nutzen lässt, um Bewerber zu akquirieren.

Die Möglichkeiten der Personalakquise, die sich online ergeben, werden als „Online Recruitment", „Online Recruiting" oder „E-Recruiting" bezeichnet. Dieses *essential* setzt sich ausschließlich mit der Online-Stellensuche auseinander und fokussiert die Ansprache der Bewerber durch die Unternehmen zu Beginn der Candidate Journey. Unter „Candidate Journey" wird der Weg verstanden, den jeder Arbeitssuchende – vom Beginn der Suche nach einem geeigneten Arbeitgeber bis hin zur Integration des neuen Mitarbeiters ins Unternehmen – durchläuft. Der Schwerpunkt dieser Ausführungen liegt auf den Möglichkeiten, die Arbeitgeber während der Orientierungs- und Recherchephase des Kandidaten nutzen können (vgl. Wald und Athanas 2017, S. 7).

An dieser Stelle soll bereits darauf hingewiesen werden, dass zur Ausschöpfung des vollen Potenzials, welches die Suchmaschinenwerbung vor allem hinsichtlich der Erfolgsmessung bietet, ein durchgehend digitalisierter Bewerbungsprozess optimal ist, bei dem die Interessenten ihre Bewerbung in einem digitalen Formular hochladen.

Das Suchmaschinenmarketing wird in der Regel zum Vertrieb von Produkten oder zur Bewerbung von Dienstleistungen eingesetzt. Dass sich diese Maßnahmen jedoch auch in der Personalakquise einsetzen lassen, soll in den folgenden Ausführungen dargelegt werden.

Die ersten Kapitel bieten einen Überblick zur Entwicklung und zum Status quo der Personalakquise über das Internet. Es folgt eine nähere Erläuterung zum Fachbereich „Suchmaschinenmarketing" mit einer kurzen Erläuterung der wichtigsten Teilbereiche und Fachbegriffe. In diesem Zuge wird auch die Funktionsweise der Suchmaschine „Google" und dessen Bedeutsamkeit hervorgehoben. Im Anschluss daran wird näher darauf eingegangen, welche Möglichkeiten die Suchmaschinenwerbung in der Online-Personalakquise bietet und welche Chancen sich hier entlang der Candidate Journey effizient nutzen lassen. Ein Best Practice-Beispiel soll anschaulich darstellen, wie ein solcher Prozess in der Praxis aussehen kann. Abschließend werden die Möglichkeiten der Evaluation anhand verschiedener Kennzahlen und die Möglichkeiten eines kontinuierlichen Monitorings zur Optimierung und Erfolgssicherung kurz vorgestellt.

Nach der Lektüre können Sie eigene Maßnahmen zur Rekrutierung bewerten und neue Wege im Online Recruiting einschlagen.

[1] Koch, Wolfgang und Beate Frees. 2017. ARD/ZDF-Onlinestudie 2017: Neun von zehn Deutschen online. *Media Perspektiven* 9/2017: 434–446. http://www.ard-zdf-onlinestudie.de/files/2017/Artikel/917_Koch_Frees.pdf. Zugegriffen: 13. Februar 2018.

[2] Weitzel, Tim, Sven Laumer, Christian Maier, Caroline Oehlhorn, Jakob Wirth, Christoph Weinert, und Andreas Eckhardt. 2017. *Employer Branding und Personalmarketing, Ausgewählte Ergebnisse der Recruiting Trends 2017, einer empirischen Studie mit Top-1.000-Unternehmen in Deutschland, 1.000 Unternehmen aus dem Mittelstand in Deutschland sowie den Top-300-Unternehmen aus der Branche IT, und der Bewerbungspraxis 2017, einer empirischen Studie mit über 3.400 Kandidaten.* Otto-Friedrich-Universität Bamberg, Centre of Human Resources Information Systems. https://www.uni-bamberg.de/fileadmin/uni/fakultaeten/wiai_lehrstuehle/isdl/3_Employer_Branding_20170210_WEB.pdf. Zugegriffen: 13. Februar 2018.

[3] Troesser, Julia. 2017. Recruiting Trends 2017, Was HR-Verantwortliche wissen müssen. Staufenbiel Institut GmbH und Kienbaum Consultants International GmbH. https://www.staufenbiel.de/fileadmin/fm-dam/PDF/Studien/RecruitingTrends_2017.pdf. Zugegriffen: 31. Januar 2018.

[4] Wald, Peter M. und Christoph Athanas. 2017. Candidate Journey Studie 2017. meta HR Unternehmensberatung GmbH und stellenanzeigen.de GmbH & Co. KG. http://www.metahr.de/wp-content/uploads/Candidate_Journey_Studie_2017.pdf. Zugegriffen am 13. Februar 2018.

Status quo der Personalakquise über das Internet

2

Zu Beginn der 1990er Jahre steckte das Internet noch in den Kinderschuhen: Nur wenige Unternehmen waren mit einer eigenen Webseite im Internet vertreten. Wer Stellen zu besetzen hatte, nutzte vor allem Printmedien wie regionale und nationale Tageszeitungen sowie Fachmagazine.

Einhergehend mit der rasanten Entwicklung des Internets wurde ab Mitte der 1990er Jahre jedoch auch der Stellenmarkt revolutioniert. Nach und nach setzten sich neue Technologien durch und beeinflussten die Prozesse in den Unternehmen zu Anwerbung neuer Mitarbeiter und das Verhalten von Arbeitssuchenden.

2.1 Entwicklung des Online Recruitings

Mit dem Internet wurde eine Vielzahl neuer Möglichkeiten geboren, die unternehmensseitig den Weg zu einem effizienteren und kostengünstigeren Recruiting ebneten. Unternehmen bauten ihre eigenen Webpräsenzen auf und richteten erste Karriereseiten ein, um potenziellen Bewerbern dort gezielt Informationen und Stellen zu präsentieren.

Daneben entstanden diverse Stellenbörsen im Netz, die Unternehmen zur Veröffentlichung ihrer Stellenanzeigen nutzen können. Im Folgenden sollen ein paar Meilensteine in der Entwicklung des Online-Stellenmarktes skizziert werden: 1995 gründet Dr. Roland Metzger die Online-Stellenbörse „jobpilot", die bald den europäischen Markt als Internetstellenbörse anführt (vgl. Königes 2008). Im selben Jahr startet auch der Münchener Michael Weideneder die Seite „stellenanzeigen.de" (vgl. Zils 2013). Nur ein Jahr später ergänzt die Seite „Jobware" den deutschen Internet-Stellenmarkt (vgl. ebd.). 1998 startet dann auch die

© Springer Fachmedien Wiesbaden GmbH, ein Teil von Springer Nature 2018
T. Piening und S. Kampmeyer, *Suchmaschinenmarketing in der Personalakquise,*
essentials, https://doi.org/10.1007/978-3-658-22806-4_2

Seite „Jobsuche.de", welche im Jahr 2000 aufgekauft und in „JobScout24.de" umbenannt wird (vgl. Zils 2015, S. 391). 1999 geht zudem die aus Norwegen stammende Stellenbörse „JobShop" in Deutschland online, seit 2000 unter dem Namen „StepStone" am Markt (vgl. Zils 2015, S. 390). Ebenfalls im Jahr 2000 startet die aus den USA stammende Jobbörse „Monster" in Deutschland und übernimmt bereits vier Jahre später „jobpilot" (vgl. Zils 2015, S. 387). Neben den Job-Portalen privater Anbieter geht im Jahr 2003 auch die virtuelle Arbeitsagentur (arbeitsagentur.de) live (vgl. Zils 2013). Als klassische Jobsuchmaschine startet 2006 „Kimeta" am deutschen Markt (vgl. Kimeta 2006). Die Jobsuchmaschine „Indeed" findet im Jahr 2013 ihren Weg auf den deutschen Online-Stellenmarkt (vgl. Indeed 2013).

Eine ganz neue Ära entsteht mit dem Web 2.0 Anfang bis Mitte der 2000er Jahre: Die sozialen Medien bieten neue Möglichkeiten der Interaktion und Kommunikation zwischen potenziellen Bewerbern und Unternehmen. Während der Nutzer zuvor vorrangig Informationen abrief, kann er nun selbst aktiv werden (vgl. Weise 2011, S. 18). Soziale Netzwerke, die sich anders als „StudiVZ" oder „Facebook" nicht auf den privaten Umgang miteinander, sondern auf die Vernetzung beruflicher, professioneller Kontakte spezialisieren, ermöglichen es Bewerbern, ihre Lebensläufe im Internet zu präsentieren und Personaler auf sich aufmerksam zu machen. Es entstehen die ersten Business Netzwerke in Deutschland: 2003 gründet Lars Hinrichs die Plattform „openBC", die 2006 in „Xing" umbenannt wird (vgl. XING 2017). 2009 folgt die Konkurrenz aus den USA: Die Plattform „LinkedIn" veröffentlicht deutschsprachige Seiten ihres Netzwerks (vgl. Heise 2009).

[1] Königes, Hans. 2008. Was macht eigentlich… Roland Metzger, Jobpilot-Gründer? https://www.computerwoche.de/a/roland-metzger-jobpilot-gruender,1878473. Zugegriffen: 26. Februar 2018.

[2] Zils, Eva. 2013. Online Jobbörsen in Deutschland. http://www.online-recruiting.net/online-jobboersen-in-deutschland/. Zugegriffen: 31. Januar 2018.

[3] Zils, Eva. 2015. Online-Jobportale mit Social-Media-Anbindung in Deutschland, Österreich und der Schweiz. In *Praxishandbuch Social Media Recruiting, Experten Know-How/Praxistipps/Rechtshinweise*, Hrsg. Ralph Dannhäuser, 377–402. Wiesbaden: Springer Gabler.

[4] Kimeta. 2006. Kimeta startet „Job-Google". https://www.kimeta.de/StaticPage/Presse. Zugegriffen: 31. Januar 2018.

[5] Indeed. 2013. Indeed eröffnet Niederlassung in Deutschland. http://press.indeed.com/press/indeed-startet-in-deutschland/?lang=de. Zugegriffen: 31. Januar 2018.

[6] Weise, Daniela M. 2011. *Rekrutierung der Net Generation. E-Recruiting mit Hilfe von Web 2.0-Tools*. Hamburg: Diplomica Verlag GmbH.

[7] XING. 2017. Daten und Fakten. https://corporate.xing.com/de/unternehmen/daten-und-fakten/. Zugegriffen: 31. Januar 2018.

[8] Heise. 2009. LinkedIn startet deutschsprachiges Angebot. https://www.heise.de/newsticker/meldung/LinkedIn-startet-deutschsprachiges-Angebot-205062.html. Zugegriffen: 31. Januar 2018.

2.2 Kanäle der Online-Personalakquise heute

Die Personalakquise findet heute online statt. Wer sich im Wettbewerb um qualifiziertes Personal durchsetzen möchte, muss seine Maßnahmen auf das Web konzentrieren sowie effizient und strategisch ausrichten. Studien belegen eindrucksvoll, dass Unternehmen großes Potenzial ungenutzt verstreichen lassen, wenn sie ihre Stellen nicht im Internet platzieren: Internet-Stellenbörsen werden am häufigsten zur Stellensuche genutzt (77,2 % der Kandidaten), Karrierenetzwerke nutzen immerhin 42,7 % der Stellensuchenden und 40,6 % nutzen Unternehmenswebseiten; Suchmaschinen werden immerhin von 37,7 % der Kandidaten bei der Stellensuche eingesetzt (vgl. Weitzel 2017a, S. 13). Im Vergleich zum Jahr 2016 ist die konkrete Nutzung von Suchmaschinen im Jahr 2017 sogar um 2,4 Prozentpunkte angestiegen (vgl. ebd.).

Die folgenden Ausführungen stellen die wichtigsten Online-Kanäle zur Anwerbung neuer Mitarbeiter kurz vor und geben einen Überblick zur aktuellen Nutzung.

Nutzung von Karrierewebseiten
Die Karrierewebseite ist in der Regel im Webauftritt des Unternehmens eingebunden und stellt gezielt für Bewerber aufbereitete Informationen zum Unternehmen und offene Stellenausschreibungen bereit. Neben den wichtigsten Eckdaten können Bewerber hier auf den ersten Blick die Vorteile einer Tätigkeit für dieses Unternehmen erkennen. Unternehmen können diesen Kanal als Darstellungsmöglichkeit innerhalb ihres „Employer Brandings" (engl. für Bildung einer Arbeitgebermarke) nutzen und sich gezielt als guter Arbeitgeber positionieren.

Damit eine Karrierewebseite von den Bewerbern genutzt werden kann, muss sie zunächst von Interessenten gefunden werden. Um die Seite aufzurufen, können Nutzer daher die Internetadresse direkt oben im Browser eingeben oder eine Suchmaschine nutzen und dort einen Suchbegriff eingeben, mit dem sie auf die gewünschte Seite gelangen. Voraussetzung dafür ist jedoch, dass die Seite unter dem eingegebenen Suchbegriff gefunden wird (Kap. 3 „Chancen des Online Recruitings durch Suchmaschinenmarketing").

Wichtig für die Karrierewebseite selbst ist vor allem die Usability, also die Benutzerfreundlichkeit einer Webseite: Hat ein Interessent den Weg zur Seite erst einmal aufgetan, soll er schnell finden, wonach er sucht und die Seite intuitiv bedienen können. Andernfalls ist die Gefahr groß, dass er abspringt und die Seite wieder verlässt. Die Chance, den Bewerber zu rekrutieren, ist dann vertan. Aus diesem Grund sollten Unternehmen die Ausgestaltung ihrer Karrierewebseite mit Sorgfalt vornehmen. Nur so ist gewährleistet, dass diese Maßnahme ihr volles Potenzial ausschöpfen kann.

Neben der Usability ist auch die Suchmaschinenoptimierung bei der Gestaltung der Karrierewebseite zu berücksichtigen: Hier gilt es, den Spagat zwischen den Bedürfnissen der Seitenbesucher und den Anforderungen der Suchmaschine zu meistern. Auf diese Weise wird einerseits dafür gesorgt, dass der Besucher zufrieden ist und findet, was er sucht, und andererseits der Suchmaschine signalisiert, dass die eigene Seite bedeutsam ist und daher auf der Suchergebnisseite möglichst einen der obersten Plätze belegt (Kap. 3 „Chancen des Online Recruitings durch Suchmaschinenmarketing").

Tatsächlich haben zahlreiche Unternehmen die Vorteile einer eigenen Karriereseite bereits erkannt: Laut der aktuellen Recruiting Trends-Studie 2017 wird dieser Kanal am häufigsten genutzt, um Vakanzen zu veröffentlichen; 88,9 % der offenen Stellen der befragten Unternehmen werden hierüber publiziert. An zweiter Stelle mit 67,6 % folgen die Internet-Stellenbörsen (vgl. Weitzel 2017a, S. 10).

Nutzung von Online-Stellenbörsen

Stellenbörsen erfreuen sich sowohl bei Unternehmen als auch bei Bewerbern großer Beliebtheit. Wie bereits erwähnt werden mehr als zwei Drittel aller Stellen (67,6 %) bei den befragten Top-1000-Unternehmen in Deutschland auf Online-Stellenbörsen veröffentlicht (vgl. Weitzel 2017a, S. 10).

Stellenbörsen lassen sich differenzieren in allgemeine, spezialisierte und sogenannte Meta-Jobbörsen oder -Suchmaschinen (vgl. Bürge 2016, S. 44). Sie bieten Interessierten vielfältige Filtermöglichkeiten, sodass sich die Suche individuell eingrenzen lässt (z. B. nach Funktion, Stellenumfang, Region). Zudem bieten sie Services wie etwa die Zustellung von Newslettern mit Infos rund um die Jobsuche oder automatische E-Mail-Benachrichtigungen zu aktuellen Stellenangeboten an.

Unternehmen können verschiedene Leistungen buchen, so beispielsweise die Gestaltung der Anzeigen im eigenen Corporate Design. Die Buchung von

Anzeigen erfolgt oft in Form von „Paketen", bei der die Laufzeit der Anzeigenschaltung sowie die gewünschten Leistungen und Möglichkeiten den Preis
beeinflussen.

Zahlreiche große Stellenbörsen finden heute großen Zulauf: Der Erfolg
der Online-Stellenbörsen liegt zu großen Teilen im Suchmaschinenmarketing
begründet, denn die großen Stellenbörsen sind bei Stellengesuchen über Google auf
der Suchergebnisseite stets präsent (siehe auch Abb. 3.1). Für Unternehmen wird
es daher immer schwieriger, ihre Stellenanzeigen dort sichtbar zu platzieren, da
laufend aktuellere Angebote folgen und die eigene Anzeige nach unten schieben.
Wer ausreichend Ressourcen zur Verfügung hat, kann hier gegensteuern – doch
dies ist häufig größeren Unternehmen mit entsprechendem Budget und Personal
vorbehalten.

Nutzung von Social Media
Social Media bietet eine enorme Bandbreite an Möglichkeiten für das Online
Recruiting.

Business Netzwerke wie LinkedIn oder XING bieten Personalern die
Option, mit möglichen Bewerbern direkt ins Gespräch zu kommen, sei es über
Interessensgruppen oder ganz direkt. Immerhin fast ein Fünftel (19,4 %) der Top-
1000-Unternehmen in Deutschland, 17,2 % der befragten IT-Unternehmen und
11,5 % des Mittelstands nutzen diese Netzwerke zur Personalakquise (vgl. Weitzel
2017b, S. 12). Auf diesem Weg können gezielt vielversprechende Kandidaten
kontaktiert werden, wodurch ein persönlicher Kontakt entsteht, der bestenfalls als
authentisch und glaubwürdig empfunden wird (vgl. Besch 2015).

Private Social Networks hingegen eignen sich vor allem zum Employer Branding: Eine eigene Unternehmensseite bei Facebook kann die Personalmarketing-
kanäle sinnvoll ergänzen, der Vorstellung und Positionierung des Unternehmens
als Arbeitgeber dienen und zur Publikation von Stellenanzeigen genutzt werden.
Zudem können Unternehmen auf Facebook Werbung schalten, etwa für die eigene
Karrierewebseite oder direkt Stellenanzeigen (vgl. Bürge 2016, S. 48).

Ähnlich lässt sich auch das Microblogging, z. B. Twitter, nutzen: News oder
Stellenangebote können hier ebenfalls veröffentlicht werden (vgl. Bürge 2016,
S. 52. ff.). Von den Kandidaten wird dieser Kanal zur Stellensuche jedoch eher
wenig genutzt und als wenig nützlich betrachtet (vgl. Weitzel 2017b, S. 13).

Der Vollständigkeit halber seien hier weitere Kanäle genannt, die sich für das
Personalmarketing nutzen lassen, auf die hier jedoch nicht näher eingegangen
werden soll, beispielsweise Blogs, YouTube, Job-Wikis oder Arbeitgeber-
bewertungsportale wie kununu.com (vgl. Bürge 2016, S. 54 ff.), aber auch Instag-
ram oder Foren (vgl. Weitzel 2017b, S. 6).

Die größte Relevanz aller Social Media-Kanäle besitzen die Business Netzwerke. XING ist der am häufigsten für das Recruiting genutzte Kanal seitens der Kandidaten für die Jobsuche (41,9 % der Kandidaten nutzen hierfür XING), die Suche nach Informationen (40,8 %) und die Vernetzung mit Unternehmen (28,7 %) (vgl. Weitzel 2017b, S. 7).

Nutzung von Suchmaschinen

Ohne Suchmaschinen wäre die Orientierung im Web für die Mehrheit der Nutzer nahezu unmöglich. Wie eingangs bereits dargelegt, ist die Nutzung von Suchmaschinen bei der Jobsuche angestiegen (vgl. Weitzel 2017a, S. 13). Dem Suchmaschinenmarketing kommt daher eine zunehmende Bedeutung im Online Recruiting zu. Laut einer 360°-Studie des Online-Stellenbörsen-Betreibers CareerBuilder Germany und der Zeitschrift Personalwirtschaft nutzen fast drei Viertel (73,2 %) aller Google-Nutzer Google, um nach Stellen zu suchen (vgl. CareerBuilder und Personalwirtschaft, 2014).

Nahezu zwei Drittel aller Jobsuchenden (63,5 %) nutzen häufig Google, um nähere Informationen zu interessanten Unternehmen zu finden. Knapp die Hälfte (48,8 %) sucht über Google nach potenziellen Arbeitgebern und 41,4 % suchen gar gezielt nach offenen Stellen mithilfe der Suchmaschine (vgl. Weitzel 2017b, S. 9).

Die Kenntnis über die Notwendigkeit, mit der eigenen Webseite anhand verschiedener Suchwortkombinationen im Web auffindbar zu sein, hat sich bei den Unternehmen noch nicht komplett durchgesetzt. In der Automotive-Branche haben immerhin mehr als die Hälfte der befragten Unternehmen (52,9 %) ihre Seiten so optimiert, dass der Unternehmensname leicht gefunden werden sollte. 60 % der befragten Handelsunternehmen haben dies ebenfalls gemacht, jedoch nur 45,5 % der IT-Unternehmen. Diese haben hingegen hinsichtlich der Suche nach dem Unternehmensnamen in Kombination mit offenen Stellen reagiert: Hier geben fast zwei Drittel (57,2 %) der IT-Unternehmen an, Maßnahmen zur Suchmaschinenoptimierung ergriffen zu haben. Beim Handel sind dies nur 40 %, in der Automotive-Branche nur etwas mehr als ein Drittel (35,3 %). In Bezug auf die Optimierung der eigenen Unternehmensseite, wenn nach dem Unternehmen in Kombination mit der Region und offenen Stellen gesucht wird, hat der Handel keine Maßnahmen ergriffen, die IT- und Automotive-Unternehmen gaben jeweils zu einem Viertel an, hier ebenfalls entsprechend optimiert zu haben (vgl. Weitzel 2016, S. 22).

Die Nutzung des Dienstes „Google Ads" zur Schaltung von Anzeigen auf der Google-Suchergebnisseite, mit dem sich dieses Werk vorrangig auseinandersetzt, ist ebenfalls noch optimierungsbedürftig: Weniger als ein Viertel der Unternehmen (22,6 %) nutzte Google Ads zum Zeitpunkt der Umfrage zwischen

Mai und Juli 2015, immerhin 7,1 % planten jedoch die Nutzung anzugehen. Mehr als einem Viertel (26,2 %) aller Unternehmen war nicht bekannt, ob Google Ads im Unternehmen genutzt wird (vgl. ebd.).

Wichtig sind solche Maßnahmen vor allem, um potenzielle Kandidaten auf die eigenen Unternehmensseiten zu führen und dort überzeugen zu können. Welches Potenzial hier schlummert, zeigen die folgenden Kapitel.

2.3 Fazit

Wenn auch bei der Optimierung der eigenen Seiten für Suchmaschinen sowie bei der Nutzung des vollen Potenzials des Suchmaschinenmarketings noch Nachholbedarf bei den Unternehmen herrscht, so haben viele Unternehmen den seit Jahren andauernden Trend der Digitalisierung des Recruitings aufgegriffen und einige Prozesse inzwischen erfolgreich umgestellt: Mehr als die Hälfte der Unternehmen nutzt Online-Anzeigen zur Veröffentlichung von Vakanzen (85 %), die eigene Karriere-Webseite (79 %) oder Postings in sozialen Netzwerken (52 %), wobei den beiden erstgenannten Kanälen gleichzeitig der größte Erfolg zugeschrieben wird (vgl. Troesser 2017, S. 19).

[9] Weitzel, Tim, Sven Laumer, Christian Maier, Caroline Oehlhorn, Jakob Wirth, Christoph Weinert, und Andreas Eckhardt. 2017a. *Employer Branding und Personalmarketing. Ausgewählte Ergebnisse der Recruiting Trends 2017, einer empirischen Studie mit Top-1.000-Unternehmen in Deutschland, 1.000 Unternehmen aus dem Mittelstand in Deutschland sowie den Top-300-Unternehmen aus der Branche IT, und der Bewerbungspraxis 2017, einer empirischen Studie mit über 3.400 Kandidaten.* Otto-Friedrich-Universität Bamberg, Centre of Human Resources Information Systems. https://www.uni-bamberg.de/fileadmin/uni/fakultaeten/wiai_lehrstuehle/isdl/3_Employer_Branding_20170210_WEB.pdf. Zugegriffen: 13. Februar 2018.

[10] CareerBuilder und Personalwirtschaft, 2014. 360°-Studie Recruiting 2014: Was Personaler vermuten und Kandidaten tun. CareerBuilder Germany GmbH und Personalwirtschaft. https://arbeitgeber.careerbuilder.de/hubfs/CBG-Studie2014-A5Heft-v8-01-web.pdf. Zugegriffen: 25. August 2017.

[11] Besch, Markus. 2015. Social Media Recruiting – Die Zukunft der Personalgewinnung. http://socialmedia-institute.com/social-media-recruiting-die-zukunft-der-personalgewinnung/. Zugegriffen: 27. Februar 2018.

[12] Bürge, Caroline. 2016. *Personalmarketing im Internet. Eine rechtliche und betriebswirtschaftliche Betrachtung*, Hrsg. Zeranski, Stefan und Reuse, Svend. Wiesbaden: Springer Gabler.

[13] Weitzel, Tim, Sven Laumer, Christian Maier, Caroline Oehlhorn, Jakob Wirth, Christoph Weinert, und Andreas Eckhardt. 2017b. *Active Sourcig und Social Recruiting, Ausgewählte Ergebnisse der Recruiting Trends 2017, einer empirischen Studie mit Top-1.000-Unternehmen aus Deutschland, 1.000 Unternehmen aus dem Mittelstand in Deutschland sowie den Top-300-Unternehmen aus der Branche IT, und der Bewerbungspraxis 2017, einer empirischen Studie mit über 3.400 Kandidaten*. Otto-Friedrich-Universität Bamberg, Centre of Human Resources Information Systems. https://www.uni-bamberg.de/fileadmin/uni/fakultaeten/wiai_lehrstuehle/isdl/2_Active_Sourcing_20170210_WEB.pdf. Zugegriffen: 31. Januar 2018.

[14] Weitzel, Tim, Sven Laumer, Christian Maier, Caroline Oehlhorn, Jakob Wirth, Christoph Weinert, und Andreas Eckhardt. 2016. *Techniksprung in der Rekrutierung. Ausgewählte Ergebnisse der Recruiting Trends 2016, einer empirischen Studie der Top-1.000-Unternehmen aus den Branchen Automotive, Handel und IT, und der Bewerbungspraxis 2016, einer empirischen Studie mit über 4.800 Stellensuchenden und Karriereinteressierten im Internet*. Otto-Friedrich-Universität Bamberg, Centre of Human Resources Information Systems. https://www.uni-bamberg.de/fileadmin/uni/fakultaeten/wiai_lehrstuehle/isdl/Recruiting_Trends_2016_-_Techniksprung_in_der_Rekrutierung_v_WEB.PDF. Zugegriffen: 23. Februar 2018.

[15] Troesser, Julia. 2017. Recruiting Trends 2017, Was HR-Verantwortliche wissen müssen. Staufenbiel Institut GmbH und Kienbaum Consultants International GmbH. https://www.staufenbiel.de/fileadmin/fm-dam/PDF/Studien/RecruitingTrends_2017.pdf. Zugegriffen: 31. Januar 2018.

[16] Recruiting Trends 2016. 2016. https://www.uni-bamberg.de/isdl/transfer/e-recruiting/recruiting-trends/recruiting-trends-2016/. Zugegriffen: 23. Februar 2018.

Chancen des Online Recruitings durch Suchmaschinenmarketing

3

Mithilfe des Suchmaschinenmarketings können sich Arbeitgeber heute genau dann finden lassen, wenn ein möglicher Bewerber nach einer passenden Stelle sucht. Ist ein Arbeitnehmer auf der Suche nach einer neuen Stelle, ist die Wahrscheinlichkeit groß, dass er eine Suchmaschine nutzt.

Die Nutzung von Suchmaschinen ist eine der häufigsten Anwendungen im Internet überhaupt. 2015 war das „Googeln" oder die Nutzung von Suchmaschinen im Allgemeinen bei den 14- bis 29-Jährigen mit 60 % die häufigste Internetanwendung; bei sämtlichen Internetnutzern ab 14 Jahren lag die Nutzung von Suchmaschinen bei einer Tagesreichweite von 35 % (Breunig und Engel 2015, S. 318). 2017 war die Nutzung von Suchmaschinen bei den ab 14-Jährigen die zweithäufigste Internetanwendung mit 18 % Tagesreichweite (Koch und Frees 2017, S. 442).

Der unangefochtene Marktführer der Suchmaschinen in Deutschland ist seit Jahren Google: Im November 2017 verfügte Google über einen Marktanteil von 94,9 %, Tendenz steigend. Erst weit dahinter folgte die Suchmaschine Bing mit 4,01 % (SEO united 2017).

Das zeigt deutlich, dass es sich lohnt, Maßnahmen zu ergreifen, um die eigenen Stellenangebote bei Google sichtbar zu platzieren. Doch auf welchem Weg lässt sich dies erreichen? Um diese Frage zu beantworten, ist an dieser Stelle ein Exkurs über das Online Marketing notwendig.

Suchmaschinenmarketing (SEM)

Google verwendet einen fein austarierten und sich stetig ändernden geheimen Algorithmus, der alle bei Google indexierten Webseiten „crawlt", also auf bestimmte Kriterien prüft. Der Algorithmus nimmt während dieses Prozesses eine Bewertung der Seite vor, die beeinflusst, mit welcher Position eine Seite unter einer bestimmten Suchanfrage rankt.

© Springer Fachmedien Wiesbaden GmbH, ein Teil von Springer Nature 2018
T. Piening und S. Kampmeyer, *Suchmaschinenmarketing in der Personalakquise,*
essentials, https://doi.org/10.1007/978-3-658-22806-4_3

Das Suchmaschinenmarketing ist eine der Kerndisziplinen im Online Marketing und wird in der Branche als „SEM" bezeichnet (engl. „Search Engine Marketing"). Wie der Name schon vermuten lässt, handelt es sich hierbei um Marketingmaßnahmen, mit denen Webseiten in Suchmaschinen möglichst gut positioniert werden sollen. Von einer guten Position lässt sich sprechen, sobald eine Webseite unter den als erstes aufgelisteten Suchergebnissen „rankt" (mehr dazu erfahren Sie im Abschnitt „Wo wird auf der Suchergebnisseite am ehesten geklickt?" in diesem Kapitel).

Um möglichen Irritationen vorzubeugen, soll an dieser Stelle darauf hingewiesen werden, dass der Begriff „Suchmaschinenmarketing" häufig synonym für Suchmaschinenwerbung verwendet wird. In den vorliegenden Ausführungen soll das Suchmaschinenmarketing als übergeordneter Begriff verstanden werden, der zwei unterschiedliche Disziplinen umfasst: Zum einen die Suchmaschinenoptimierung (engl. „Search Engine Optimization", Abk.: „SEO") und zum anderen die Suchmaschinenwerbung (engl. „Search Engine Advertising", Abk.: „SEA").

Wie wird mithilfe von Suchmaschinen nach Stellen gesucht?

Die Nutzung einer Suchmaschine wird allen Internetnutzern geläufig sein: In die Suchmaske, beispielsweise von Google, wird ein Suchbegriff eingegeben, die Suche gestartet und als Ergebnis erscheint eine Seite, welche die relevantesten Seiten zur Suchanfrage auflistet. Auf dieser Suchergebnisseite (auch engl. „Search Engine Result Page", Abk.: „SERP"), werden ganz oben die Anzeigen ausgespielt, also die bezahlten Suchergebnisse, die auch deutlich sichtbar mit dem Wort „Anzeige" gekennzeichnet sind. Diese sind der Suchmaschinenwerbung zuzuordnen. Darunter folgen die unbezahlten, sogenannten organischen Suchergebnisse, die das Ergebnis gelungener Suchmaschinenoptimierung darstellen, wie in Abb. 3.1 ersichtlich wird.

Das Suchverhalten der Nutzer ist jedoch sehr individuell, insbesondere die Wahl der Suchwörter und Suchwortkombinationen unterscheidet sich von Person zu Person. Grob unterscheiden lassen sich hier sehr generische, allgemeine Suchbegriffe wie „Ingenieur" oder „Mechatroniker" von eher spezifischen, genauen Sucheingaben wie „Job Mechatroniker Köln-Pulheim". Was diese Tatsache für die Personalakquise und insbesondere für die Suchmaschinenwerbung bedeutet, wird in Abschn. 3.1, „Funktionsweise der Suchmaschinenwerbung", näher erläutert.

Wo wird auf der Suchergebnisseite am ehesten geklickt?

Die Wahrnehmung der Suchergebnisse folgt prinzipiell dem natürlichen Leseverhalten: Die Seite wird von oben nach unten und von links nach rechts betrachtet. Anhand sogenannter „Heat Maps" lässt sich erkennen, dass die obersten Plätze der Suchergebnisseite von den Nutzern am ehesten wahrgenommen werden.

Eine aktuelle Studie (vgl. usability.de 2016) zeigt, dass bei navigationsorientierten Suchen, die bereits auf eine bestimmte Seite (z. B. die Karriere-Seite)

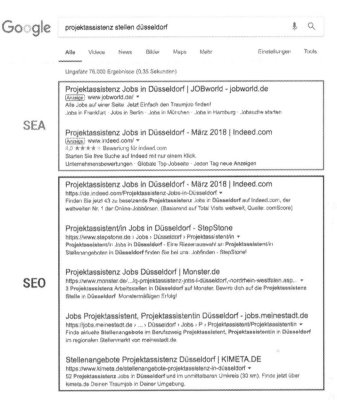

Abb. 3.1 Suchergebnisseite (SERP) bei Google. (Quelle: © 2017 Google LLC, Verwendung mit Genehmigung. Google und das Google-Logo sind eingetragene Marken von Google LLC)

abzielen, die Anzeigen in den Fokus rücken (siehe Abb. 3.2). Ein Grund hierfür lag laut den Durchführenden darin, dass die Formulierungen in den Anzeigen für die Nutzer eine große Relevanz aufwiesen. Zudem ähnelten die Formulierungen der Anzeigentexte den organischen Suchergebnissen (vgl. ebd., S. 9). Ausschlaggebend für den Klick war zudem die Abwägung, über welche der in den Anzeigen oder in den organischen Suchergebnissen angezeigte URL ein direkterer Einstieg auf die Seite möglich war (vgl. ebd., S. 9). Diese Ergebnisse unterstreichen, dass der gezielte Einsatz sorgfältig formulierter Anzeigen lohnenswert ist.

Grundsätzlich ist es empfehlenswert, in beiden Bereichen – sowohl bei den bezahlten als auch bei den organischen Suchergebnissen – auffindbar zu sein. Eine maximale Sichtbarkeit auf der Suchergebnisseite geht einher mit

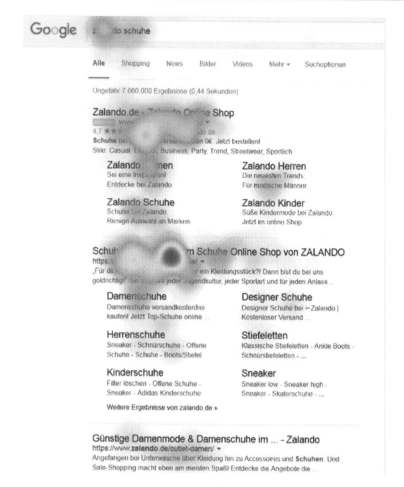

Abb. 3.2 Heat Map einer navigationsorientierten Suche. (Quelle: Usability.de GmbH & Co. KG. 2016. Adwords Uncovered. Wie Nutzer die neue Google-Ergebnisseite wahrnehmen, S. 10, Abb. 14)

einer hohen Reichweite und steigert so die Chance, potenzielle Kandidaten zu erreichen und Bewerbungen zu erhalten.

Eine Besonderheit, die künftig auch in Deutschland starken Einfluss auf die Online-Stellensuche haben wird, ist „Google for Jobs": Dabei handelt es sich um eine Google-eigene Stellenbörse, die Stellenanzeigen anderer Jobbörsen aggregiert und diese auf der Suchergebnisseite ausspielt, wie Abb. 3.3 zeigt. Unterhalb der Anzeigen befindet sich eine Box mit den relevanten Stellenausschreibungen.

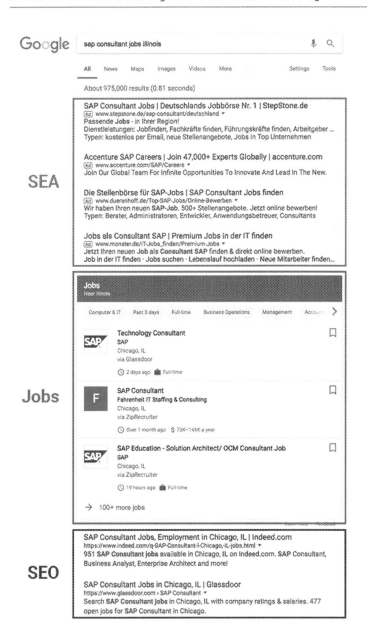

Abb. 3.3 Screenshot von Google for Jobs. (Quelle: © 2017 Google LLC, Verwendung mit Genehmigung. Google und das Google-Logo sind eingetragene Marken von Google LLC)

Suchmaschinenoptimierung (SEO)

Die SEO umfasst sämtliche Maßnahmen, die dazu beitragen, dass Webseiten in den organischen Suchergebnissen möglichst gut positioniert sind, also möglichst den oder einen der ersten Plätze auf der Suchergebnisseite belegen. So ist die Wahrscheinlichkeit deutlich höher, dass Nutzer den Weg auf die Webseite finden.

Die Maßnahmen innerhalb der SEO können wiederum in Onpage- und Offpage-Maßnahmen unterteilt werden. Die Onpage-Optimierung betrifft sämtliche Faktoren, die auf der Webseite selbst optimiert werden können.

Einige wichtige Onpage-Faktoren für Webseiten

Metadaten

Unter Metadaten versteht man Informationen zu einer html-Seite, welche Browser und Suchmaschinen auslesen können. Zu den Meta-Daten einer Webseite zählen beispielsweise Meta Description und Meta Title. Sind diese hinterlegt, kann Google sie auf der Suchergebnisseite ausspielen. Während der Meta Title der „Überschrift" eines angezeigten Suchergebnisses entspricht, gibt die Meta Description eine Beschreibung der Seite an, sodass der Nutzer sofort erkennt, was er auf der Seite zu erwarten hat. Hier kommt es vor allem darauf an, mittels passender Keywords und griffiger Aussagen kompakt darzulegen, weshalb sich ein Klick auf das Suchergebnis und somit der Seitenbesuch lohnt.

Content-Faktoren

Der Content, sprich sämtliche Inhalte auf der Seite, sollten ebenfalls suchmaschinenoptimiert sein. Während es hier noch vor Jahren auf die richtige Keyword-Dichte ankam, also möglichst viele passende Keywords in passender Anzahl auf der Seite zu platzieren, stellt der Algorithmus von Google immer mehr die Bedürfnisse der Seitenbesucher in den Vordergrund. Die Inhalte sollten der Intention der Seitenbesucher begegnen und ihnen einen Mehrwert bieten. Verschiedene Formate wie beispielsweise Grafiken, Videos, Checklisten oder How-To-Anleitungen können die Aufmerksamkeit der Nutzer binden. Bei Texten spielen Keywords nach wie vor eine Rolle, sollten aber im angemessenen Verhältnis eingesetzt werden. Besonders wichtig bei Webtexten ist zudem, dass es sich um einzigartige Inhalte handelt: Wird der Text anderer Seiten kopiert und veröffentlicht, erkennt Google dies und positioniert die Seite schlechter. Darüber hinaus kommt es bei der Darstellung des Textes auf die Struktur und für Suchmaschinen passend gewählte und gekennzeichnete Überschriften an. Der Seitenbesucher soll sich schnell zurechtfinden: Sprungmarken und Aufzählungen helfen dabei, gesuchte Inhalte schnell zu finden. Wer diese und andere Faktoren berücksichtigt, kann – etwa bei der eigenen Karriereseite – mit guten Rankings honoriert werden.

Links und Ankertexte
Besteht eine Karriereseite aus mehreren Unterseiten zu verschiedenen Themen, können interne Links dazu beitragen, das Nutzererlebnis zu verbessern und die Aufenthaltsdauer der Nutzer auf den Seiten zu verlängern. Wer auf seinen Seiten beispielsweise eine ausführliche Anleitung zum Bewerbungsablauf bereitstellt, kann an anderer Stelle auf diese Seite verweisen und so verhindern, dass sich der Nutzer die Infos an anderer Stelle im Web sucht. Das signalisiert Google, dass die Seite optimal auf die Bedürfnisse des Besuchers zugeschnitten ist und erhöht die Chance auf den Erhalt einer Bewerbung. Wichtig sind in diesem Zusammenhang aussagekräftige Anker- oder Link-Texte, die den Link zu einer Seite benennen. Ein Beispiel: Ein Link-Text wie „Anleitung zur Online-Bewerbung" ist wirkungsvoller als „Hier weiterlesen".

Die Offpage-Optimierung umfasst Maßnahmen, die nicht auf der Webseite selbst vorgenommen werden. Darunter fällt z. B. das sogenannte Linkbuilding, bei dem gezielt Links zur eigenen Seite auf anderen Webseiten platziert werden, um Google zu zeigen, dass sich andere Webseiten auf diese Seite beziehen und sie daher relevant ist. Wichtig bei diesen Backlinks ist vor allem die Qualität der verweisenden Seiten. Der systematische Linkaufbau steigert die Popularität der eigenen Seite und verbessert so die Chancen auf ein gutes Ranking.

Wichtig ist die SEO vor allem für die Karrierewebseite, damit diese bei relevanten Suchanfragen auf der Suchergebnisseite rankt und potenzielle Bewerber den Weg zur Seite finden. SEO-Maßnahmen sind jedoch langfristig ausgerichtet und brauchen eine Weile, um zu greifen. Denn unter anderem bezieht Google in seine Bewertung mit ein, ob eine Seite von den Nutzern gut angenommen und entsprechend häufig geklickt wird. Aus diesem Grund ist die SEO für gezielt ausgeschriebene Stellen, die in der Regel lediglich temporär vakant sind, nur bedingt geeignet.

Suchmaschinenwerbung (SEA)

Der Vollständigkeit halber soll der Bereich SEA an dieser Stelle nicht unerwähnt bleiben. Die Funktionsweise und die besondere Bedeutung dieses Bereichs des Suchmaschinenmarketings soll jedoch in den folgenden Kapiteln näher erläutert werden.

[1] Breunig, Christian und Bernhard Engel. 2015. Massenkommunikation 2015: Mediennutzung im Intermediavergleich. *Media Perspektiven* 7-8/2015: 310–322. https://presseportal.zdf.de/fileadmin/zdf_upload/Aktuelles/2015/9/07082015_Engel_Breunig.pdf. Zugegriffen: 14. Februar 2018.

[2] Koch, Wolfgang und Beate Frees. 2017. ARD/ZDF-Onlinestudie 2017: Neun von zehn Deutschen online. *Media Perspektiven* 9/2017: 434–446. http://www.ard-zdf-onlinestudie.de/files/2017/Artikel/917_Koch_Frees.pdf. Zugegriffen: 13. Februar 2017.

[3] SEO united. 2017. Suchmaschinenverteilung in Deutschland. https://www. seo-united.de/suchmaschinen.html; Zugegriffen 31. Januar 2018.

[4] Usability.de GmbH & Co. KG. 2016. Adwords Uncovered. Wie Nutzer die neue Google-Ergebnisseite wahrnehmen. https://www.usability.de/usability-user-experience/publikationen/google-eye-tracking-studie.html#download. Zugegriffen: 18. Februar 2018.

3.1   Funktionsweise der Suchmaschinenwerbung

Unter Suchmaschinenwerbung versteht man die Ausspielung von Anzeigen auf der Suchergebnisseite von Suchmaschinen. Da, wie in Kap. 3 bereits erläutert, Google die für den deutschen Markt bedeutsamste Suchmaschine bereitstellt, beschränken sich die Betrachtungen in diesem *essential* auf den dazugehörigen Werbeanbieter „Google Ads" und die gleichnamigen Textanzeigen. Ziel der Anzeigenschaltung ist es, qualifizierte Nutzer auf die beworbene Webseite (= Zielseite) zu ziehen.

Als „qualifizierter Nutzer" soll derjenige verstanden werden, der mit höherer Wahrscheinlichkeit als andere Nutzer eine sogenannte „Conversion" tätigt, also dem Ziel einer Anzeigenschaltung gerecht wird. Während dies im klassischen

Online Marketing z. B. eher dem Kauf eines Produkts entspricht, ist dies beim Online Recruiting die Absendung einer Bewerbung.

Anders als bei Printwerbung etwa entstehen durch die bloße Schaltung der Anzeigen bei Google Ads keine Kosten. Ein Unternehmen zahlt erst dann, wenn eine Anzeige von einem Nutzer geklickt wurde. Die Abrechnung erfolgt also gemäß „Cost-per-Click" (engl. für Kosten pro Klick).

Dahinter steckt ein Auktionsprinzip: Sämtliche Wettbewerber, die mit einer Anzeige unter einem bestimmten Keyword (beispielsweise „Mechatroniker Köln") auf der Suchergebnisseite ranken möchten, hinterlegen bei Google Ads für das jeweilige Keyword ein Gebot. Die tatsächlichen Klickpreise ergeben sich dann im Bieterverfahren: Je größer der Wettbewerb um eine Suchanfrage ist, umso höher steigt der Preis, der für einen Besucher der eigenen Seite gezahlt werden müsste.

Suchwortkombinationen spiegeln Chance auf den Erhalt von Bewerbungen wider

Im vorangegangenen Kapitel wurde bereits darauf hingewiesen, dass das Suchverhalten der Google-Nutzer individuell unterschiedlich ist. In Abhängigkeit davon, aus welchem Grund eine neue Stelle gesucht wird, fällt die Suchanfrage unterschiedlich aus: Wer beispielsweise ganz am Anfang seiner Suche steht und sich erst einmal in der Breite allgemein informieren möchte, was in der Region an vakanten Stellen vorhanden ist, der wird möglicherweise eine Suchanfrage wie „Stellenanzeigen Köln" bei Google eingeben. Jemand, der sich hingegen sicher ist, was für eine Stelle er sucht und in welcher Region, wird eher einen Suchbegriff wie „Job Mechatroniker Anlagenbau Köln" nutzen.

Im Suchmaschinenmarketing wird in diesem Zusammenhang vorrangig von „Short Tail Keywords" und „Long Tail Keywords" gesprochen: Während die Short Tail Keywords Suchanfragen bestehend aus einem Keyword umschreiben, versteht man unter Long Tail Keywords Suchanfragen, welche aus mehreren Einzeltermen bestehen. Sogenannte „Mid Tail Keywords" bezeichnen ausgewogene Suchbegriffe, die aus maximal drei einzelnen Begriffen bestehen.

Wer als Arbeitgeber eine offene Stelle zum Mechatroniker anbieten möchte, wird von der Person, die schon sehr konkret nach einer neuen Stelle sucht, mit größerer Wahrscheinlichkeit eine Bewerbung erhalten, als von der Person, die generisch nach Stellen gesucht hat.

Das Grundprinzip der Suchmaschinenwerbung und die gegenseitige Beeinflussung der verschiedenen Faktoren wird in Abb. 3.4 verdeutlicht:

Sehr allgemeine, generische Short Tail Keywords unterliegen einem starken Wettbewerb (z. B. „Stellenanzeigen", „Jobs"). Das Suchvolumen solcher Keywords ist in der Regel sehr hoch, die Wahrscheinlichkeit einer Conversion jedoch gering. Die Kosten für die Platzierung von Anzeigen sind aufgrund des hohen Wettbewerbs ebenfalls hoch.

Auf etwas konkretere Suchanfragen (Mid Tail Keywords, wie beispielsweise „Stellenanzeigen Mechatroniker") entfällt ein geringeres Suchvolumen. Die Chance auf Bewerbungen ist dementsprechend etwas größer, da die Nutzer bereits konkreter suchen. Hier können Unternehmen schon mit weniger großem Budget erfolgreich Anzeigen schalten.

Die günstigste Chance auf Bewerber besteht bei den Long Tail Keywords (z. B. „Job Mechatroniker Anlagenbau Köln"): Die Suchanfragen fallen sehr konkret aus und bestehen häufig aus mehr als drei Wörtern. Die Suche wird damit so speziell, dass nur wenige Personen diese Suchwortkombination eingeben und das Suchvolumen vergleichsweise gering ausfällt. Damit einhergehend buhlen häufig weniger Mitbewerber um die Anzeigenplätze. Die SEA-Kosten fallen entsprechend, die Conversion Rate hingegen steigt.

Zusammenfassend lässt sich also festhalten: Je konkreter die Suchanfrage gestellt wird, umso kosteneffizienter und erfolgreicher ist die Anzeigenschaltung in der Suchmaschinenwerbung.

Ausführliche Keyword-Recherche als Basis erfolgreicher Suchmaschinenwerbung
Am Anfang einer erfolgreichen Ads-Kampagne zur Anwerbung neuer Mitarbeiter steht eine ausführliche Keyword-Recherche: Nur wer die für ihn relevantesten Suchwortkombinationen kennt, ist in der Lage, optimal zu bieten, um die besten Anzeigenplätze zu ergattern. Eine detaillierte Keyword-Recherche hilft zudem bei der Formulierung klickstarker Anzeigentexte.

Zur Keyword-Recherche lassen sich im Netz diverse brauchbare Tools finden, viele davon kostenlos und in der Regel zuverlässig funktionierend. An dieser Stelle sei zum einen „Google Trends" genannt, ein Tool, mit dem sich aktuelle Suchanfragen bei Google im zeitlichen Verlauf erfassen lassen. Ein weiteres Tool,

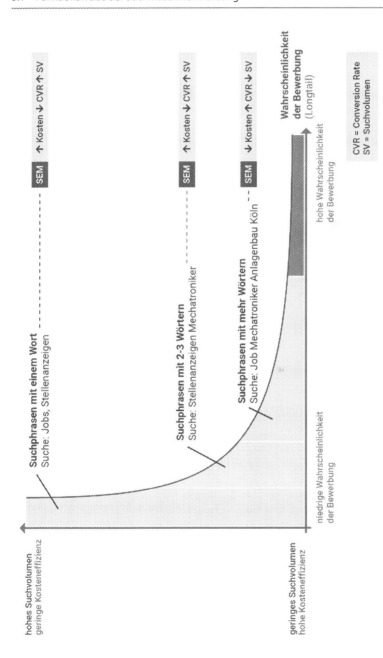

Abb. 3.4 Unterschiedliche Suchanfragen beeinflussen die Wahrscheinlichkeit, eine Bewerbung zu erhalten. (Quelle: eigene Darstellung)

das die Mehrheit der Suchmaschinennutzer kennen wird, ist die Funktion „Google Suggest" (auch „Google Autocomplete" genannt), die automatisch die meistgesuchten Keyword-Kombinationen zum eingegebenen Suchwort vorschlägt. Wird ein Keyword in die Suchmaske eingegeben, werden in einer darunterliegenden Dropdown-Liste Ergänzungen zur bestehenden Eingabe vorgeschlagen, wie die folgende Abb. 3.5 zeigt:

Zahlreiche Tools zur Keyword-Recherche arbeiten mit dieser Funktion und sind sogenannte „Suggest Scraper": Sie liefern also bei Eingabe eines Keywords sämtliche Suchwortkombinationen, die Google vorschlagen würde, in einer Liste. Hierzu zählen beispielsweise keywordtool.io oder auch hypersuggest.com. Mithilfe dieser Tools ist zunächst eine quantitative Keyword-Recherche möglich. Über die Export-Funktion lassen sich die Listen beispielsweise in Excel exportieren und dort weiter verarbeiten.

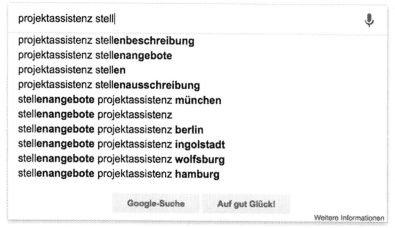

Abb. 3.5 Screenshot von Google Suggest bei der Suche nach einer Stelle als Projektassistenz. (Quelle: © 2017 Google LLC, Verwendung mit Genehmigung. Google und das Google-Logo sind eingetragene Marken von Google LLC)

Tab. 3.1 Keyword-Cluster

Cluster	Keywords
Branche	Maschinenbau, Elektrotechnik, Logistik
Stellenbezeichnung	Mechatroniker, Ingenieur, Elektriker, Industriekaufmann
Geografisch	Köln, NRW, Deutschland
Umfang	Vollzeit, Teilzeit, Minijob

Werden die Keywords analysiert und thematisch strukturiert, ergeben sich verschiedene Suchcluster, wie in Tab. 3.1 zu erkennen ist. Das Clustern eignet sich besonders zur Analyse großer Datenmengen. Ziel des Clusterns ist es, die Fülle an Keywords anhand bestimmter Merkmale zu kategorisieren und auf diese Weise homogene Gruppen zusammenzustellen. Diese können dann als Basis zur Bildung sogenannter „Keyword-Sets" dienen.

Möchten Unternehmen nun herausfinden, welche Keyword-Kombinationen die relevantesten sind, sollte eine qualitative Keyword-Recherche durchgeführt werden. Hierzu bietet sich der „Keyword Planner" an, ein Tool, das für Ads-Kunden kostenlos nutzbar ist. Unternehmen mit einem Ads-Konto können über die Menüleiste den Punkt „Tools" aufrufen und darüber auf den Keyword-Planer zugreifen. Die Optionen, die der Planer bietet, sind vielfältig: Neue Keyword-Listen lassen sich beispielsweise anhand von Wortgruppen, bestehenden Websites oder Kategorien identifizieren, bestehende Keyword-Listen lassen sich duplizieren, um Vorschläge für neue Keywords zu erhalten oder das Suchvolumen zu identifizierten Keywords lässt sich abrufen. Besonders die Tatsache, dass der Google-eigene Keyword-Planer Werte zu den monatlichen Suchvolumina angibt, macht ihn sehr wichtig: Mithilfe der Bestimmung, wie oft ein bestimmtes Keyword oder eine bestimme Keyword-Kombination gesucht wird, wird es möglich, eine Bewertung hinsichtlich der Relevanz verschiedener Keywords und -kombinationen vorzunehmen.

Anhand von Abb. 3.6 zeigt sich, welche Keywords offenbar am häufigsten gesucht werden, wie stark der Wettbewerb in Bezug auf diese Keywords ausfällt und auch, mit welcher Gebotshöhe hierbei zu rechnen ist, wenn man hier Ads schalten möchte.

Werden nun die Ergebnisse der Analyse, also identifizierte Themencluster und Suchvolumina, kombiniert, ergeben sich vielversprechende Suchwortkombinationen, durch die sich potenzielle Kandidaten günstig und effizient erreichen lassen.

Abb. 3.6 Suchvolumen verschiedener Keyword-Kombinationen im Google Keyword Planner. (Quelle: © 2017 Google LLC, Verwendung mit Genehmigung. Google und das Google-Logo sind eingetragene Marken von Google LLC)

Erfolg der Ads abhängig von Gebot und Qualitätsfaktor

Wie auch bei den organischen Suchergebnissen, berücksichtigt Google unterschiedliche Faktoren bei der Bewertung zur Platzierung der Ads. Einerseits spielt hier natürlich das CPC-Gebot eine wichtige Rolle: Wer bereit ist, einen vergleichsweise hohen Klickpreis zu zahlen, wird mit größerer Wahrscheinlichkeit auf einem der vordersten Plätzen ranken. Andererseits bezieht Google auch den sogenannten „Qualitätsfaktor" in die Bewertung mit ein: Hierbei beurteilt Google die Relevanz der Anzeige und der Zielseiten in Bezug auf das eingegebene Keyword (= Suchanfrage). Je höher der Qualitätsfaktor, umso besser ist die Bewertung und umso höher ist die Chance auf eine Platzierung. Auf diese Weise kann Google beeinflussen, dass nicht nur Unternehmen mit dem größten Werbeetat erfolgreich Ads schalten. Einen hohen Qualitätsfaktor zu erzielen, sollte im Sinne jedes Werbenden sein, da qualitativ gute Anzeigen nicht nur eine höhere Position erzielen, sondern häufig auch einhergehen mit einem geringeren Kostenaufwand (vgl. Google AdWords-Hilfe).

Aufbau eines Google Ads-Kontos zur Personalakquise

Das Ads-Konto wird je nach Ziel, Umfang und Art der SEA-Maßnahmen strukturiert und angelegt. Auf der ersten Ebene im Ads-Konto werden die Kampagnen angelegt: Hier lassen sich der Zeitraum der Kampagne, das Budget und die geografische Ausrichtung festlegen.

Eine Ebene tiefer befinden sich die unterschiedlichen Anzeigengruppen. Auf dieser Ebene werden die Keywords hinterlegt. Abb. 3.7 zeigt eine Anzeigengruppe für ein Unternehmen, welches einen Hauselektriker innerhalb der auf Kampagnen-Ebene festgelegten Region sucht.

Für jede dieser Anzeigengruppen wird der maximale CPC festgelegt, den das Unternehmen bereit ist, für den Klick der Nutzer auf eine der hinterlegten Anzeigen in dieser Anzeigengruppe zu bezahlen. Alternativ kann auch je Keyword ein maximaler CPC festgelegt werden. In diesem Fall wird der auf Keyword-Ebene hinterlegte Maximum-CPC von Google Ads priorisiert behandelt.

Auf Anzeigenebene, wie in Abb. 3.8 ersichtlich wird, werden dann die einzelnen Anzeigentexte zur jeweiligen Anzeigengruppe zusammengestellt. Hier empfiehlt Google mindestens drei verschiedene Anzeigen-Varianten anzulegen.

Sind die Anzeigen angelaufen, lassen sich im Ads-Konto Angaben zu den wichtigsten Kennzahlen finden, beispielsweise zu den Klicks oder den Impressionen. Besonders aufschlussreich ist die Analyse der eingebuchten Keywords: Keywords, die keine Klicks erhalten (in Abb. 3.9 etwa das Keyword „Hauselektriker Job") werden kaum gesucht. Anhand dieser Erkenntnisse ist eine Optimierung der Anzeigenschaltung möglich.

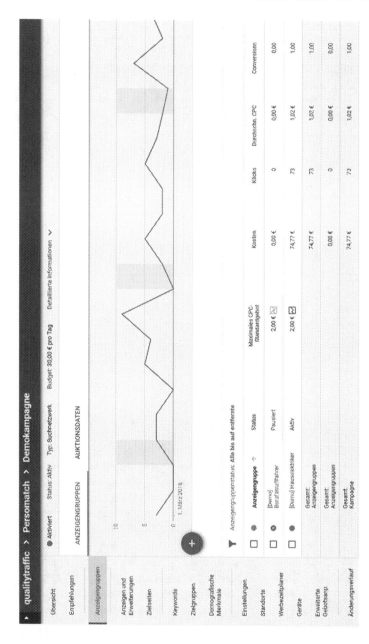

Abb. 3.7 Anzeigengruppen-Ebene im Ads-Konto. (Quelle: © 2017 Google LLC, Verwendung mit Genehmigung. Google und das Google-Logo sind eingetragene Marken von Google LLC)

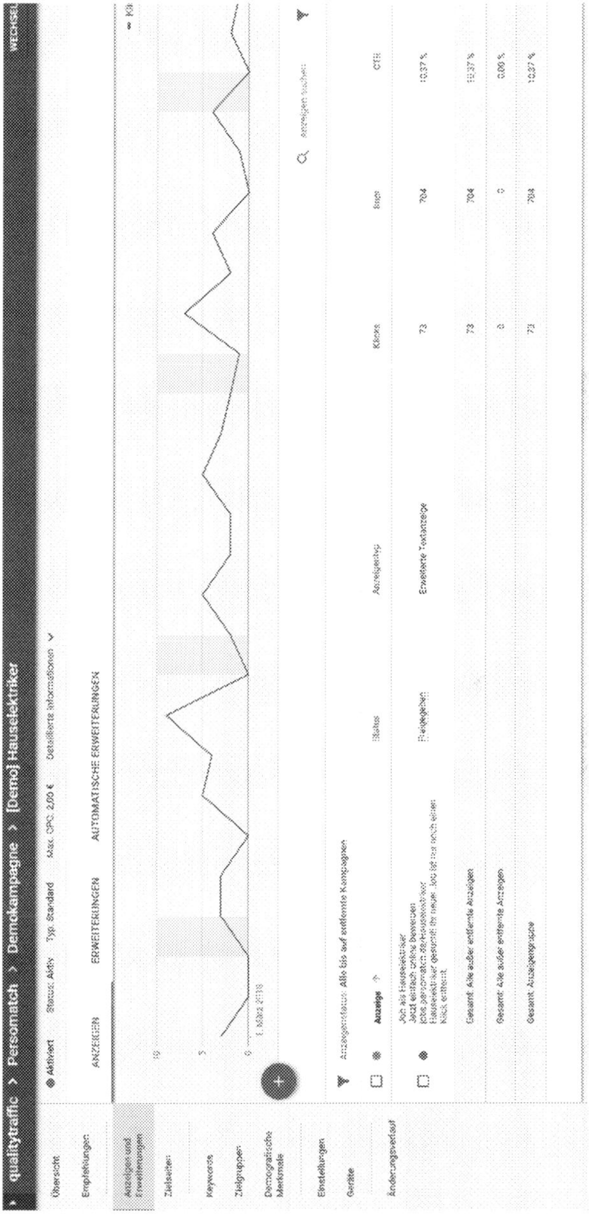

Abb. 3.8 Anzeigentext innerhalb der Hauselektriker-Anzeigengruppe. (Quelle: © 2017 Google LLC, Verwendung mit Genehmigung. Google und das Google-Logo sind eingetragene Marken von Google LLC)

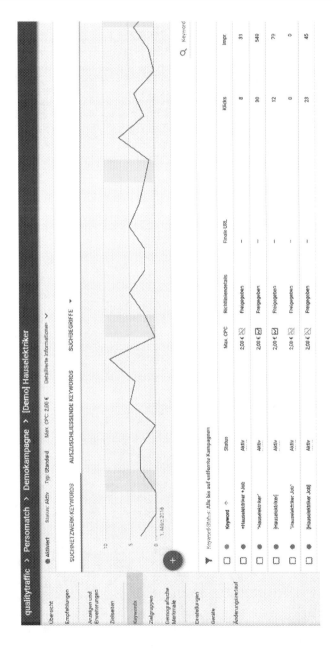

Abb. 3.9 Übersicht der eingebuchten Keywords im Ads-Konto. (Quelle: © 2017 Google LLC, Verwendung mit Genehmigung. Google und das Google-Logo sind eingetragene Marken von Google LLC)

[5] Google Ads-Hilfe. https://support.google.com/adwords/answer/140351?hl=de. Zugegriffen: 23. Februar 2018.

3.2 Suchmaschinenwerbung entlang der Candidate Journey

Wie aus den vorangegangenen Ausführungen deutlich geworden ist, lohnt es sich, Maßnahmen zu ergreifen, um Stellenangebote oder die Karriereseite bei Google sichtbar zu platzieren und die Suchmaschinenwerbung als effizienten Weg zu nutzen, um qualifizierte Kandidaten auf die eigenen Seiten zu ziehen. Diese Maßnahme greift unmittelbar, ist effizient und günstig.

Die Schaltung von Ads auf der Suchergebnisseite ist jedoch nur eine der Möglichkeiten, welche die Suchmaschinenwerbung bietet, um Bewerber zu akquirieren. Welche Optionen sich Personalern darüber hinaus innerhalb der Suchmaschinenwerbung bieten, zeigen die folgenden Erläuterungen.

Stellenanzeigen via Display Advertising im Google Display-Netzwerk veröffentlichen
Zunächst eine Definition zur Display-Werbung: Unter dem Begriff Display Advertising lassen sich „alle Arten von Online-Werbung [zusammenfassen], bei der grafische Werbemittel wie Videos, Animationen oder Bilder verwendet werden" (Kollmann 2017). Neben den Textanzeigen über Ads lassen sich so auch Werbebanner, also grafische Anzeigen, wie ein Beispiel untenstehend in Abb. 3.10 zeigt, im Display-Netzwerk von Google (engl. auch „Google Display Network", Abk.: „GDN") für das Recruiting nutzen.

Abb. 3.10 Display Ad der Online Marketing Konferenz Bielefeld auf der Startseite des Westfalenblatts. (Quelle: http://www.westfalen-blatt.de)

Unternehmen haben so die Möglichkeit, ihre Anzeigen auf verschiedenen Seiten im Web, die dem Display-Netzwerk angehören, zu platzieren. Für das Recruiting sinnvoll nutzen lassen sich hier beispielsweise Seiten mit einer thematischen Nähe zur Stellensuche oder Karriereplanung, aber auch Branchenseiten, auf denen sich potenzielle Kandidaten bewegen. Unternehmen, die das Display Advertising über Google nutzen wollen, können die Werbeträger entweder automatisiert von Google auswählen lassen oder das sogenannte „manuelle Placement" nutzen. Der Vorteil einer eigenhändigen, sorgfältigen Zusammenstellung von Seiten, auf denen die eigenen Ads ausgespielt werden sollen, liegt vor allem in der Reduzierung von Streuverlusten: Die Wahrscheinlichkeit, dass die Nutzer auf diesen relevanten Seiten den Personalanzeigen des Unternehmens gegenüber offen eingestellt sind und bestenfalls klicken, ist so deutlich größer.

Diese Möglichkeit der Kandidatenansprache greift ebenfalls ganz zu Beginn der Candidate Journey, möglicherweise noch vor der Schaltung von Ads: Wird der Nutzer einer Branchenseite beispielsweise mit einer Anzeige zu Karrieremöglichkeiten bei einem bestimmten Unternehmen angesprochen, kann dies dazu beitragen, dass der Nutzer seine aktuelle berufliche Situation hinterfragt oder, falls bereits eine gewisse Unzufriedenheit mit der gegenwärtigen Stelle vorhanden ist, schon bereit ist zu klicken, um weitere Informationen zu erhalten.

Wichtig für den Erfolg von Display Ads ist neben der Relevanz für den Nutzer auch hier die Gestaltung der Anzeigen: Bilder und grafische Elemente stehen hier klar im Fokus, Text sollte sparsam, aber mit Wirkung eingesetzt werden. Klickt der Nutzer, ist für ihn das Erlebnis auf der Zielseite ausschlaggebend: Die durch die Anzeige geschürten Erwartungen an die Seite sollten nicht enttäuscht werden. Entsprechend wichtig ist daher, dass die Anzeigen nicht zu allgemein gehalten sind, sondern eine inhaltliche Brücke zu verlinkten Seite schlagen.

Damit die Anzeigen an möglichst vielen Stellen im Web platziert werden können, ist es empfehlenswert, ein umfangreiches Bannerset zu erstellen, welches Ads in verschiedenen Formaten umfasst.

Nach dem Klick: Ansprache via Retargeting, um potenzielle Kandidaten nicht zu verlieren

Hat der Nutzer erst einmal auf eine Anzeige – sei es ein Banner oder eine Ads-Textanzeige – geklickt, ist dies schon ein großer Gewinn für das Unternehmen. Denn so besteht die Möglichkeit, den Besucher mithilfe des Trackings zu folgen und ihn über die Ausspielung von Anzeigen auf anderen Seiten im Web erneut zum Besuch der eigenen Webseite anzuregen.

Die Besucher werden dazu beim ersten Besuch der Unternehmensseite mithilfe eines sogenannten „Cookies", einer kleinen Text-Datei, markiert: So wird

Abb. 3.11 Retargeting am Beispiel des Besuchs einer Karriereseite. (Quelle: eigene Darstellung)

nachvollziehbar, wer etwa die Stellenanzeige oder die Karriereseite bereits besucht hat. Ist der Seitenbesucher dann auf anderen Seiten im Web unterwegs, die Google Werbeflächen zur Verfügung stellen („Google AdSense"), wird der Nutzer als Seitenbesucher identifiziert und bekommt beispielsweise eine Anzeige zur besuchten Stellenseite angezeigt, wie Abb. 3.11 verdeutlicht:

Diese Maßnahme bezeichnet man im Online Marketing als „Retargeting", Google verwendet dafür den Begriff „Remarketing". Besucher einer bestimmten Seite bilden so eine eigene Zielgruppe für das Retargeting im Web und können von den Unternehmen mit gezielt darauf zugeschnittenen Werbemitteln nochmals angesprochen werden.

Zur erneuten Ansprache der Seitenbesucher im Web bieten sich vor allem zwei Möglichkeiten an:

Ansprache mittels statischer Banner
In diesem Fall bekommen die Besucher einer Seite ein statisches Banner ausgespielt, welches immer denselben Inhalt wiedergibt. Solche Display Ads können etwa wieder auf das Stellenportal des Unternehmens verweisen oder auf eine andere beliebige Seite, zu der im Banner inhaltlich verknüpft wird. In der Regel sind diese Banner animiert, um die Aufmerksamkeit der Nutzer zu erlangen.

Ansprache mittels dynamischer Banner
Wird das dynamische Retargeting genutzt, ändert sich der auf dem Banner dargestellte Inhalt abhängig vom Nutzer, dem die Ad ausgespielt wird. So können dem Nutzer in einer Ad beispielsweise mehrere einzelne Stellenanzeigen nochmals vor Augen geführt werden. In diesem Fall ist ein Automatismus hinterlegt, der die Gestaltung des Banners in Abhängigkeit der zuvor besuchten URLs vornimmt. Auch dynamische Banner sind häufig animiert.

Die Ansprache erfolgt wie auch beim Google Display Advertising auf den Seiten, die dem Google Display Network angehören. Das Retargeting ermöglicht es, potenzielle Kandidaten bei ihrem Weg durch das Web auf der Suche nach einer neuen Stelle zu begleiten und sich als möglichen Arbeitgeber hin und wieder ins Gedächtnis zu rufen. Damit die wiederholte Ansprache nicht zur Reaktanz der Nutzer führt, ist es wichtig, einer zu hohen Frequenz bei der Ausspielung der Ads entgegenzuwirken. Diese Gefahr kann umgangen werden, indem die Häufigkeit der Ausspielung festgelegt wird (im Online Marketing wird in diesem Zuge auch von engl. „Frequency Capping" gesprochen). Zudem wird der Zeitraum des Retargetings festgelegt: Je nach Ausgangssituation macht eine Ansprache nach mehr als 60 Tagen nach dem ersten Kontakt mit der Seite kaum noch Sinn. Auch dies kann beim Anlegen der Kampagnen im Detail hinterlegt werden.

Innerhalb des Retargetings können fein abgestimmte Kampagnen umgesetzt werden. Befinden sich die potenziellen Kandidaten beispielsweise noch ganz am Anfang ihrer Recherchephase, ist es unter Umständen ratsam, ihnen zunächst Anzeigen zur Vorstellung des unternehmenseigenen Stellenportals verstärkt auszuspielen. Denn an dieser Stelle ist davon auszugehen, dass der potenzielle Kandidat von der Absicht, eine Bewerbung zuzusenden, noch vergleichsweise weit entfernt ist. Im Online Marketing spricht man in diesem Zusammenhang von einem langen Transaktionsintervall: Der Seitenbesucher wird aller Voraussicht nach noch etwas Zeit benötigen, bis er sich entschließt, eine Bewerbung zu verschicken, also eine Conversion zu tätigen.

Wurden konkrete Seiten mit einzelnen Stellenausschreibungen aufgerufen, empfiehlt sich hingegen das dynamische Retargeting, bei dem der Kandidat mit exakt den Vakanzen nochmal angesprochen wird, auf deren Seiten er sich zuvor bewegt hat. Hier handelt es sich um ein vergleichsweise kurzes Transaktionsintervall, da der Kandidat hier tendenziell schon eher eine konkrete Vorstellung davon hat, auf welche Stellen er sich bewerben könnte.

Die nächste Option für den Einsatz des Retargetings bietet sich zu dem Zeitpunkt, an dem der Nutzer tatsächlich eine Bewerbung versenden möchte. Häufig ist dieser Schritt durch den Klick auf einen Button gekennzeichnet, der beispielsweise mit der Aufforderung „Jetzt bewerben" versehen ist. Durch den Klick auf diesen Button wird der Kandidat weitergeleitet, etwa auf ein elektronisches Formular, in dem er seine Personalien hinterlassen und seine Bewerbungsdokumente digital hochladen kann. Der Klick markiert nun den Wechsel von einer Zielgruppe des Retargetings zu der nächsten Zielgruppe. Hier ergeben sich nun zwei unterschiedliche Szenarien:

Szenario A

Der Seitenbesucher lädt tatsächlich seine Bewerbung hoch und schließt den Bewerbungsvorgang ab. In diesem Fall wird er durch einen finalen Klick auf

einen Button mit der Aufforderung „Bewerbung abschicken" o. ä. aller Wahrscheinlichkeit nach auf eine Seite mit neuer URL weitergeleitet, auf der man
sich für seine Bewerbung bedankt und ihn über die weiteren Schritte infor-
miert. Der Bewerber ist durch den Besuch auf dieser URL und die damit ein-
hergehende Markierung durch den Cookie nun als Bewerber identifiziert
und kann bei sämtlichen Retargetingmaßnahmen zum Recruiting von nun an
außen vor gelassen werden. Das Ziel der ergriffenen Maßnahmen im Suchmaschinenmarketing wurde in diesem Fall erreicht.

Szenario B

Der Seitenbesucher möchte sich nicht mehr bewerben oder hat die passenden
Unterlagen derzeit nicht zur Hand und verlässt die Seite daher unverrichteter
Dinge wieder. Er ist nun aber in die Zielgruppe der ernsthaft interessierten
Kandidaten eingetreten und ihm kann unterstellt werden, dass er mit höherer
Wahrscheinlichkeit dem Unternehmen tatsächlich eine Bewerbung zukommen
lässt als Nutzer in den vorgelagerten Retargeting-Segmenten. Aus diesem
Grund stellen Besucher dieser Seite eine besonders wertvolle Zielgruppe
dar. Ihnen kann nun besondere Aufmerksamkeit zukommen, sei es, dass sie
mit eigens dafür kreierten Bannern noch einmal auf Stellen im Unternehmen
hingewiesen werden oder dass zur Ansprache dieser Zielgruppe ein höhe-
res Gebot hinterlegt wird, um sie besser erreichen zu können. Hier sind der
Kreativität nahezu keine Grenzen gesetzt.

Beide Szenarien können letztlich zu einer Conversion, also der Zusendung einer
Bewerbung, führen.

[6]   Kollmann, Tobias. 2017. Display Advertising. http://wirtschaftslexikon.gabler.
de/Archiv/576005961/display-advertising-v4.html. Zugegriffen: 23. Februar 2018.

3.3 Besondere Bedeutung der Suchmaschinenwerbung in der Personalakquise

Wie in Kap. 3 eingangs dargelegt, können Jobsuchende über Google sehr gezielt
und vielfältig nach Stellen suchen: Suchanfragen in unterschiedlichen Kombi-
nationen können von potenziellen Kandidaten bei Google eingegeben und von
Unternehmen mit relevanten Zielseiten verknüpft werden. Unternehmen können
sich so dort finden lassen, wo die Nutzer auf der Suche nach Stellen im Netz
unterwegs sind.

Der Erfolg von unternehmenseigenen Karrierewebseiten ist eng mit der Suchmaschinenwerbung verknüpft: Ist ein Unternehmen hinsichtlich der SEO (noch) nicht gut genug aufgestellt, um mit der eigenen Karrierewebseite organisch zu ranken, können Ads Abhilfe schaffen und dafür sorgen, dass die Seite dennoch auf der ersten Suchergebnisseite von Google sichtbar ist. Als unterstützender Kanal, um Traffic für die eigene Karrierewebseite zu generieren, eignen sich zudem Display-Kampagnen im Google Display-Netzwerk.

Die Suchmaschinenwerbung ist im Vergleich mit anderen Recruiting-Kanälen aufgrund ihrer Wettbewerbsfähigkeit und ihrer Kosteneffizienz bedeutsam.

Bei den großen Stellenbörsen veröffentlicht inzwischen die Mehrheit der Unternehmen ihre Vakanzen. Gerade aus diesem Grund ist es hier, selbst mit großem Etat zur intensiven Bewerbung der Anzeigen, schwierig, sich als bester Arbeitgeber aus der Masse hervorzuheben. Vor allem einzelne, kleinere Arbeitgeber riskieren, im Überangebot an Stellen schlichtweg unterzugehen. Die Einbuchung gezielter Long Tail Keywords auf regionaler Ebene ergibt gute Chancen, sich im Vergleich zum Wettbewerb hervorzutun, denn wie die eingangs dargestellte „Recruiting Trends"-Studie der Universität Bamberg von 2016 aufzeigte (vgl. Kap. 3), sind hinsichtlich dieser Maßnahme nur wenige Unternehmen gut aufgestellt. Die Kombination aus geografischem Targeting und Einbuchung gezielter Keywords ermöglicht die kosteneffiziente Ansprache qualifizierter Nutzer. Genau dieses Vorgehen ist auch der Schlüssel zum Erfolg, wenn es darum geht, sich gegenüber den von den großen Online-Stellenbörsen geschalteten Ads bei der Stellensuche durchzusetzen: Das gezielte Targeting und genauestens auf die Suchanfragen zugeschnittene Anzeigen machen es dem Suchenden leicht, einen direkten Zugang zu einer vielversprechenden Stellenanzeige zu finden, ohne den Umweg über eine weitere Suchergebnisseite (in diesem Fall die der Stellenbörse).

Bei der Durchführung von Display-Kampagnen oder auch beim Retargeting können Unternehmen von der großen Reichweite des Google Display-Netzwerks profitieren: Hier lassen sich zahlreiche namhafte Webseiten finden, sowohl themennahe Seiten wie „unicum.de" oder „jobs.de" als auch allgemeine reichweitenstarke Webseiten wie „ebay-kleinanzeigen.de", „youtube.de" oder „focus.de".

Im Gegensatz zu anderen Recruiting-Maßnahmen kann die Suchmaschinenwerbung als vergleichsweise kostengünstig bezeichnet werden: Vor allem im Wettbewerb um qualifizierte Fachkräfte, die in den Unternehmen dringend gebraucht werden, buhlen im kostenintensiven Active Sourcing insbesondere Head Hunter um die Gunst der Bewerber. SEA-Maßnahmen eignen sich ebenso zur Anwerbung hoch qualifizierter Experten: Hat ein Unternehmen eine durchdachte Strategie, mit der es High Potentials im Web begegnen und sie ansprechen kann, können auch hier zum gegebenen Zeitpunkt während der Candidate Journey Bewerbungen von Wunsch-Kandidaten eintreffen.

Ratsam ist es in diesem Zusammenhang, den Blick für das Ganze zu behalten: Sämtliche Maßnahmen im Suchmaschinenmarketing für die Personalakquise sollten auf potenzielle Bewerber ausgerichtet sein, um Synergien optimal zu nutzen. Durch SEO-Maßnahmen, beispielsweise für die Karrierewebseite oder einzelne Stellenausschreibungen, können SEA-Maßnahmen ihrerseits positiv beeinflusst werden, was auf lange Sicht die Effizienz steigert und den Erfolg erhöht. Denn eine besonders gute Chance auf Bewerbungen besteht dann, wenn es dem Unternehmen gelingt, sich in den Anzeigen als guter Arbeitgeber zu positionieren und die Zielseite zudem den Erwartungen der Nutzer gerecht werden kann.

3.4 Fallbeispiel: Erfolgreicher Einsatz von Suchmaschinenwerbung in der Personalakquise

Die folgenden Ausführungen zeigen am Beispiel des Personaldienstleisters AutoVision, wie sich die Suchmaschinenwerbung in der Praxis erfolgreich einsetzen lässt.

Fallbeispiel: AutoVision – Der Personaldienstleister GmbH & Co. OHG

Die Ausgangssituation

Die AutoVision gehört zu den führenden Personaldienstleistungsunternehmen in Deutschland – spezialisiert auf den Volkswagen-Konzern und die Branchen Automobil, Metall, Elektro sowie Luft- und Raumfahrt. Das Unternehmen ist neben dem Stammsitz in Wolfsburg deutschlandweit mit 19 weiteren Geschäftsstellen vertreten und beschäftigt derzeit rund 6500 Mitarbeiter. Das Unternehmen unterstützt bundesweit renommierte Kunden erfolgreich bei der Personalpolitik und bietet Bewerbern somit vielfältige Job- und Karrieremöglichkeiten zu attraktiven Konditionen und fairen Bedingungen.

Potenzielle Bewerber für offene Stellen der Kunden der AutoVision werden primär auf digitalem Weg erreicht. Die AutoVision hat ihren Webauftritt mit einer übersichtlichen Navigation gegliedert: Neben dem Menüpunkt „Kunden", unter dem sich gezielt aufbereitete Informationen für Arbeitgeber befinden, finden Besucher der Startseite unter dem Punkt „Bewerber" sämtliche Informationen, die sie auf der Suche nach einer neuen Stelle benötigen. Herzstück der „Bewerber"-Seiten ist das unternehmenseigene Bewerberportal, in dem sich offene Stellen finden lassen. Ähnlich wie bei anderen Stellenportalen können die Nutzer verschiedene Filtereinstellungen vornehmen, wie etwa nach Art der Stelle, Region, Funktionsbereich, Karrierelevel oder auch Arbeitszeit. Als Service können sich Interessenten darüber hinaus per Newsletter automatisch über aktuelle, relevante Jobangebote informieren lassen (vgl. Stellenportal AutoVision).

Die Herausforderungen

Die AutoVision hat auf ihrem Stellenportal wöchentlich im Schnitt etwa 300 offene Stellen im Angebot. Die Herausforderung dabei besteht vor allem darin, qualifizierte Mitarbeiter am passenden Ort zur passenden Zeit für den jeweiligen Kunden zu finden. Hierbei reicht die Bandbreite der Arbeitsmodelle von der temporären Arbeitnehmerüberlassung über den Direkteinstieg beim Kunden durch die Personalvermittlung bis hin zu Schüler- und Studentenjobs. Zur Personalakquise nutzte der Dienstleister in erster Linie Internet-Stellenbörsen, beispielsweise Indeed oder Stepstone.

Die Suchmaschinenwerbung wurde im April 2017 als zusätzlicher Kanal in die Recruiting-Maßnahmen aufgenommen. Ziel dieser Maßnahme ist es, eine effiziente Ansprache von potenziellen Kandidaten zu erreichen und so Bewerber zu akquirieren, um zum einen die Stellen der Kunden besetzen zu können und zum anderen den eigenen Talentpool zu erweitern. Eine externe Agentur übernimmt die strategische Planung sowie die operative Umsetzung der Maßnahmen.

Die Maßnahmen

Die Konzeptionsphase begann mit einer Analyse des Status quo:

- Welche Jobs werden derzeit von der AutoVision vermittelt?
- An welchen Standorten werden die Stellen angeboten?
- Welche Jobs sollen über SEA-Maßnahmen beworben werden?
- Welches Budget steht dafür zur Verfügung?

Es wurde eine umfassende Liste mit allen Stellenbezeichnungen der AutoVision erstellt, um einen Überblick zu erhalten und abschätzen zu können, in welchem Umfang die SEA-Aktivitäten künftig aufgenommen werden sollten.

Daran schloss eine ausführliche Keyword-Recherche an. Mithilfe verschiedener Tools wie des Google Keyword Planners wurden relevante Synonyme sowie Suchwortkombinationen ermittelt. Eine darauffolgende Analyse des Suchvolumens gab Hinweise zu den vielversprechendsten Suchwortkombinationen. Daran zeigte sich, unter welchen Suchbegriffen bestimmte Stellen tatsächlich gesucht wurden, hier sei das Beispiel einer Stelle als KFZ-Mechatroniker genannt: Synonym zu dieser

Bezeichnung wurden auch die Begriffe „Automechaniker", „Kraftfahrzeugmechatroniker" oder auch „Automobilmechatroniker" bei Google verwendet. Die Ergebnisse der Analyse wurden in einem Keyword-Cluster festgehalten, welches als Grundlage für die Bildung verschiedener Keyword-Sets diente.

Parallel dazu wurden sämtliche Voraussetzungen technischer Natur angegangen, um den Start der Ads-Kampagnen vorzubereiten. Hierzu zählten die Einrichtung des Ads-Kontos und die Generierung der notwendigen Ads-Pixel, welche auf allen Seiten der AutoVision eingebunden wurden. Ein Webanalyse-Tool setzte die AutoVision zu diesem Zeitpunkt bereits ein.

Der grobe Aufbau der Kampagnen wurde abgestimmt. Es stand fest, dass auch eine Display-Kampagne geschaltet werden soll, für die ein Bannerset mit grafischen Anzeigen in verschiedenen Formaten erstellt werden musste. Neben den grafischen Vorgaben durch das Corporate Design der AutoVision wurde festgelegt, welche Key-Facts, also Haupt-Argumente, auf den Bannern abgebildet werden sollen. Es folgten erste Banner-Entwürfe und schließlich das finale Set.

Zeitgleich wird die folgende Kampagnenstruktur angelegt:

A. Regionale Kampagnen
B. Display-Kampagne
C. Remarketing-Kampagnen
D. Brand-Kampagne

Jede der Kampagnen bestand aus mehreren Anzeigengruppen, welche wiederum aus mehreren einzelnen Anzeigen bestanden.

Regionale Kampagnen
Die regionalen Kampagnen liefen für jede Region, in der die AutoVision offene Stellen vermittelt. Jeweils regionsspezifisch wurden Anzeigen zu den dort momentan offenen Stellen mithilfe des als relevant identifizierten Keyword-Sets ausgespielt, wie das Beispiel in Abb. 3.12 zeigt. Diese wurden einerseits Nutzern ausgespielt, deren Standort sich innerhalb der eingegrenzten Region befand oder die andererseits eine Suchanfrage mit einer entsprechenden Suchvariablen zur Stadt oder Region eingegeben hatten.

Display-Kampagne
Während der Display-Kampagne wurden die zuvor erstellten Werbebanner ausgespielt, in Abb. 3.13 sind zwei Beispiel-Banner zu sehen. Die

Abb. 3.12 Anzeigen aus einer der regionalen Kampagnen der AutoVision. (Quelle: © 2017 Google LLC, Verwendung mit Genehmigung. Google und das Google-Logo sind eingetragene Marken von Google LLC)

Publisher-Seiten wurden zuvor manuell anhand des Hauptkriteriums „thematische Nähe" ausgewählt, um zu hohe Streuverluste zu vermeiden. So wurde sichergestellt, dass die auf die Bewerber-Seiten verlinkten Werbebanner den Nutzern ausgespielt wurden, die sich gerade mit beruflichen Themen, ihrer Karriere oder tatsächlich bereits mit der Jobsuche beschäftigten. Dank Frequency Capping wurde gewährleistet, dass die Banner einzelnen Nutzern nicht zu häufig ausgespielt wurden.

Remarketing-Kampagnen
Mit den Remarketing-Kampagnen wurden sämtliche Seitenbesucher der Auto-Vision auf anderen Webseiten im Netz, die Werbeplätze im Google Display-Netzwerk anbieten, bis zu 30 Tage nach dem Seitenaufruf erneut angesprochen. Mehrere Anzeigengruppen wurden zur granularen Ansprache verschiedener Zielgruppen angelegt. Zur Wiederansprache allgemeiner Seitenbesucher wurden die grafischen Banner eingesetzt. Eine vergleichsweise hohe Konversionswahrscheinlichkeit bestand bei Seitenbesuchern, die erst kürzlich eine konkrete Stellenanzeige aufgerufen hatten, etwa im Gegensatz zu Personen, deren Seitenbesuch mehrere Wochen zurücklag. Hierzu wurden daher Gebotsanpassungen eingesetzt, bei denen das Budget gezielt erhöht wurde, um Anzeigen häufiger ausliefern zu können.

Besucher von Seiten mit konkreter Stellenbeschreibung stellten eine eigene Zielgruppe dar und bekamen dynamische Banner angezeigt, bei denen die Banner jeweils individuell anhand der zuvor besuchten Seiten mit

Abb. 3.13 In der Display-Kampagne eingesetzte Banner der AutoVision in verschiedenen Formaten. (Quelle: AutoVision – Der Personaldienstleister GmbH & Co. OHG)

Stellenangeboten automatisiert erstellt wurden. Der Einsatz des dynamischen Remarketings hing von den Vakanzen ab, nicht bei allen Stellen wurde es eingesetzt. Ein Beispiel für den Einsatz eines dynamischen Banners zeigt Abb. 3.14.

Nutzer, die auf den „Jetzt bewerben"-Button geklickt hatten, liefen in eine neue Zielgruppe ein und wurden als besonders vielversprechende Kandidaten mit gezielt formulierten Textanzeigen wieder angesprochen. Kam es

Abb. 3.14 Schaltung eines dynamischen Remarketing-Banners bei ebay-kleinanzeigen.de. (Quelle: https://www.ebay-kleinanzeigen. de/stadt/hannover/)

kurz vor dem Versand der Bewerbung zu einem Abbruch des Bewerbungsvorgangs, wurden diese Nutzer mithilfe von Gebotsanpassungen noch gezielter umworben, um bestenfalls eine Bewerbung des Kandidaten zu erhalten.

Brand-Kampagne

Zudem wurde unterstützend eine Brand-Kampagne angelegt (engl. „Brand" für Marke), um die Marke „AutoVision" zu stärken und zu schützen. Suchten Google-Nutzer gezielt nach der AutoVision, wurde ihnen zusätzlich zu den organischen Ergebnissen auch eine Ads-Anzeige angezeigt. Die Auto-Vision nutzte so die Möglichkeit der Anzeigenerweiterung: Unterhalb der Beschreibung wurden zusätzliche Informationen angeboten, welche mit Verlinkungen zur entsprechenden Zielseite der AutoVision versehen waren. So konnten Nutzer durch einen Klick unmittelbar zur gewünschten Seite weitergeleitet werden, wie in Abb. 3.15 ersichtlich wird.

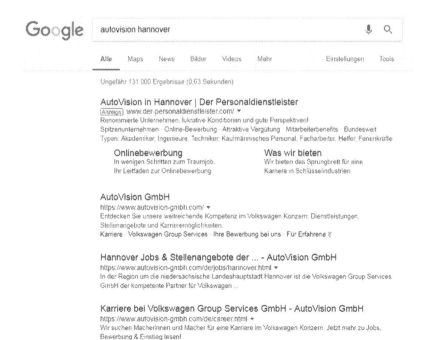

Abb. 3.15 Anzeigenerweiterung innerhalb der Brand-Kampagne der AutoVision zur optimalen Nutzerführung. (Quelle: © 2017 Google LLC, Verwendung mit Genehmigung. Google und das Google-Logo sind eingetragene Marken von Google LLC)

Die Erfolgskontrolle und Optimierung

Schnell zeigte sich, dass das gesamte Budget voll ausgeschöpft wurde. Um zu analysieren, wo hohe Gebote am besten angelegt sind, wurden vierwöchentliche Reportings erstellt. Hierzu wurden sowohl Kennzahlen aus dem Ads-Konto als auch aus dem Webanalyse-Tool des Unternehmens genutzt. In der Analyse zeigte sich beispielsweise, welche Keyword-Kombinationen kaum Erfolge brachten oder im Vergleich zu teuer waren. Wöchentlich erfolgte ein Jour fixe, in dem die AutoVision die Priorisierung der Vakanzen kommunizierte. Anhand dessen erfolgten die Umverteilung des Budgets, die Gebotsanpassungen und die entsprechenden Anpassungen der Kampagnen in Bezug auf die zu bewerbenden Stellen.

Das Fazit

Knapp ein Jahr nach dem Start der Suchmaschinenwerbung zur Personalakquise zog die AutoVision ein positives Fazit: Dank der flexibel anpassbaren SEA-Maßnahmen konnten Stellen nach Bedarf ausgeschrieben werden, eine stets aktuelle Anpassung an den unternehmenseigenen Stellenmarkt war möglich – auch für kürzere Zeiträume. Es zeigte sich, dass die Maßnahmen insbesondere bei bekannten Berufsbildern gute Erfolge erzielten und zahlreiche Bewerbungen generiert werden konnten. Vor allem dank des Conversion-Trackings war es dem Unternehmen möglich, eingegangene Bewerbungen auf die SEA-Maßnahmen zurückzuführen.

Potenzial bestand hinsichtlich der Kampagnenoptimierung anhand der Prioritätenliste der Vakanzen: Hier könnte mithilfe technischer Anpassungen ein höherer Automatisierungsgrad erreicht werden, wodurch die Bewerbung der Stellen noch effizienter abgewickelt werden könnte.

[7]   AutoVision – Der Personaldienstleister GmbH & Co. OHG. https://www.der-personaldienstleister.com/de/ueber-uns.html. Zugegriffen: 5. März 2018.

[8]   Stellenportal AutoVision – Der Personaldienstleister GmbH & Co. OHG. https://jobs.der-personaldienstleister.com/bewerber. Zugegriffen: 6. März 2018.

Erfolge messen und steuern

4

Der große Vorteil im Online Marketing gegenüber den Offline-Kanälen besteht in der Messbarkeit von Erfolgen. Während Unternehmen beim Einsatz klassischer Maßnahmen wie der Anzeigenschaltung in Tageszeitungen oder Fachmedien beispielsweise keine Möglichkeit haben, den Eingang von Bewerbungen konkreten Anzeigen zuzuordnen, helfen moderne Tracking-Methoden online dabei, den Weg des Bewerbers entlang der gesamten Candidate Journey bis hin zum Versand der Bewerbung nachzuvollziehen. Voraussetzung hierbei ist jedoch, dass der gesamte Bewerbungsprozess digital abgewickelt wird. Um auch den finalen Schritt, den Versand der Bewerbung zu messen, führt kein Weg an der Bewerbung via Online-Formular vorbei. Besteht die Option, sich via E-Mail oder gar auf postalischem Weg zu bewerben und macht ein Bewerber davon Gebrauch, verschwindet er unter Umständen vom Radar. Eine einwandfreie Zuordnung seiner Bewerbung zu SEA-Maßnahmen ist dann nicht mehr möglich.

Die Umstellung auf digitale Prozesse lohnt sich vor allem deshalb, um Optimierungspotenzial aufzudecken und entsprechende Verbesserungsmaßnahmen vorzunehmen.

Eine Analyse der Traffic-Quellen zeigt beispielsweise, über welchen Kanal die meisten Besucher auf die Webseite gelangen und lässt in qualitativer Hinsicht Rückschlüsse zu, über welchen Kanal die meisten Bewerbungen generiert werden. Bei der Planung und Verteilung von finanziellen Mitteln und sonstigen Ressourcen sind solche Kenntnisse von großer Bedeutung.

Eine Detailanalyse kann auf Verbesserungsmöglichkeiten innerhalb einzelner Maßnahmen hinweisen: Werden beispielsweise Anzeigen bei Ads zwar ausgespielt, aber es klickt niemand, kann ein schlechter Anzeigentext die Ursache sein. Der gleiche Sachverhalt kann auch im Display Advertising vorliegen: Werden die Banner gesehen, aber erzielen keine Klicks, so sind möglicherweise nicht die optimalen Key-Facts gewählt worden, um Bewerber tatsächlich anzusprechen.

© Springer Fachmedien Wiesbaden GmbH, ein Teil von Springer Nature 2018
T. Piening und S. Kampmeyer, *Suchmaschinenmarketing in der Personalakquise,*
essentials, https://doi.org/10.1007/978-3-658-22806-4_4

Weiteres Optimierungspotenzial birgt möglicherweise die Karrierewebseite selbst: Klicken potenzielle Kandidaten auf Ads und werden dorthin weitergeleitet, aber verlassen die Seite ohne weitere Navigation bereits nach kurzer Zeit wieder, ist dies ein Indiz dafür, dass die Seite nicht nutzerfreundlich genug ist. Möglicherweise findet sich der Besucher hier nicht zurecht und versteht nicht, wie er etwa auf einzelne Stellenanzeigen gelangen kann. Ein anderer Grund, weshalb ein Besucher die Seite schnell wieder verlässt, könnte die Selbstdarstellung des Unternehmens sein, die in den Augen des Besuchers nicht attraktiv genug ist, um überhaupt vakante Stellen ansehen zu wollen. An dieser Stelle können Usability-Tests Auskunft über mögliche Conversion-Hemmnisse geben. Bei Printmedien wäre eine solche Analyse nicht möglich.

Zur Messbarkeit der gesamten Candidate Journey ist die Bewerbung via Online-Formular unerlässlich: Nur so lässt sich der finale Schritt des tatsächlichen Versands einer Bewerbung messen – und dies ist schließlich einer der wichtigsten Kennzahlen bei der Beurteilung von Recruiting-Maßnahmen.

Tools zur Webanalyse
Die Messung von Daten erfolgt durch die Einbindung von Scripten des ausgewählten Tools auf den eigenen Unternehmensseiten.

Zur Messbarkeit der Performance der eigenen Webseiten eignet sich etwa das Google-eigene Webanalyse-Tool „Google Analytics", das zahlreiche Informationen bereitstellt, darunter beispielsweise

- mit welchem Gerät die Nutzer auf die Webseite zugreifen (Desktop, Mobilgerät, Tablet),
- welche demografischen Aspekte die Seitenbesucher aufweisen (z. B. Alter oder Geschlecht),
- ob es sich um neue oder wiederkehrende Besucher handelt,
- welche Seiten am häufigsten besucht werden oder auch
- über welche Seiten die Besucher auf die eigenen Seiten gelangen.

Diese Informationen sind vor allem bei der Umsetzung von Optimierungsmaßnahmen hilfreich.

Eine ebenfalls gern genutzte Alternative dazu ist die Open Source-Lösung „Matomo", die bis Anfang des Jahres 2018 auch unter dem Namen „Piwik" bekannt war (Berger 2018).

Zur Verbesserung einzelner Maßnahmen können Unternehmen in der Regel auf das Tool-eigene Tracking zurückgreifen. Zur Bewertung und Optimierung der SEA-Maßnahmen können dem Google Ads-Konto sehr detaillierte Angaben in

Form verschiedener Kennzahlen unter Einbezug der zeitlichen Komponente entnommen werden. Einen Überblick hierzu bietet der folgende Abschn. 4.1.

[1] Berger, Daniel. 2018. Webanalyse: Piwik heißt jetzt Matomo. https://www. heise.de/newsticker/meldung/Webanalyse-Piwik-heisst-jetzt-Matomo-3937189.html. Zugegriffen: 23. Februar 2018.

4.1 Kennzahlen zur Evaluation der Maßnahmen im Suchmaschinenmarketing

Wie lassen sich Erfolge messen? Um die Wirksamkeit einzelner Maßnahmen zu bewerten, werden im Online Marketing diverse Kennzahlen genutzt. Einige wichtige Kennzahlen sollen im Folgenden kurz vorgestellt werden.

▶ **Impressions** Diese Kennzahl wird zum einen unter dem Begriff Ad Impression und zum anderen unter dem Begriff Page Impression verwendet. Unter Ad Impressions versteht man die Anzahl der Einblendungen einer Werbeanzeige. Die Kennzahl gibt so im Display Advertising beispielsweise Auskunft darüber, welche Anzeige am häufigsten ausgespielt wurde. Page Impressions hingegen geben die absolute Zahl der Aufrufe einer Webseite an, beispielsweise die der Karrierewebseite.

▶ **Klicks** Die Anzahl an Klicks, etwa auf eine Anzeige, einen Button auf einer Seite oder einen Link, lässt Rückschlüsse darauf zu, wie gut etwa eine bestimme Anzeige, ein bestimmtes Seitenelement oder bestimmte Links angenommen werden.

▶ **Conversions** Die Anzahl an Conversions (s. auch Kap. 3.1) gibt an, wie viele als Conversion definierte Ereignisse eingetreten sind, im Fall des Online Recruitings also die Anzahl der eingegangenen Bewerbungen.

▶ **Conversion-Rate (CVR)** Die CVR gibt an, wie hoch der Prozentsatz der Bewerber im Verhältnis zu sämtlichen angesprochenen Nutzern ist. Eine hohe CVR beschreibt demnach eine große Erfolgsquote hinsichtlich der eingegangenen Bewerbungen. Eine qualitative Bewertung der Maßnahmen anhand der Güte der Bewerbungen lässt sich mit dieser Kennzahl nicht treffen.

▶ **Click-Through-Rate (CTR)** Die CTR wird im Deutschen auch als Klickrate bezeichnet und zeigt auf, in welchem Verhältnis die zustande gekommenen

Klicks zu den Impressions stehen. Eine hohe CTR gibt demnach an, dass verhältnismäßig viele Nutzer geklickt haben. Diese Kennzahl gibt beispielsweise Auskunft darüber, welche Anzeige besonders gut angenommen wird.

▶ **Cost-per-Application (CPA)** Der CPA gibt an, welche Kosten im Durchschnitt für eine eingegangene Bewerbung entstanden sind. Ein niedriger CPA zeigt somit an, dass die Maßnahmen rein quantitativ bewertet erfolgreich waren. Eine qualitative Bewertung der Maßnahmen, z. B. hinsichtlich der Qualität der erhaltenen Bewerbungen, kann mithilfe des CPAs nicht vorgenommen werden.

▶ **Cost-per-Click (CPC)** Der CPC gibt die Kosten für einen Klick auf eine Werbeanzeige an. Eine Analyse der Kosten lohnt sich hier vor allem, um zu sehen, auf welchen Seiten Klicks vergleichsweise günstig eingekauft werden können. Stimmen im Zusammenhang mit der Betrachtung dieser Kennzahl beispielsweise auch die Conversions, so können auf diese Weise erfolgsversprechende Seiten zur Ausspielung von Ads identifiziert werden.

4.2 Implementierung eines kontinuierlichen Monitorings

Wichtig für eine stabile Performance der Maßnahmen im Suchmaschinenmarketing ist ein kontinuierliches Monitoring. Nur wer bei der Vielzahl an Maßnahmen und Kennzahlen den Überblick behält sowie Synergien versteht, kann ganzheitlich Entscheidungen treffen, um sich auf Dauer im Online Recruiting erfolgreich zu positionieren.

Für einen allgemeinen Überblick zur Performance und Entwicklung einzelner Maßnahmen sind regelmäßige Reportings empfehlenswert, welche die individuell wichtigsten Kennzahlen enthalten und diese im zeitlichen Verlauf darstellen. Vorgenommene Änderungen wie beispielsweise die Pausierung von Anzeigen, Budgetänderungen oder die Erweiterung oder Reduzierung von Kampagnen sollten dokumentiert werden, um deren Einfluss auf die Gesamtperformance anhand sich ändernder Kennzahlen evaluieren zu können. Je nach Umfang eines solchen Reportings und in Abhängigkeit der vorhandenen Ressourcen sollte so ein Zwischenbericht mindestens einmal monatlich erstellt werden.

In der Suchmaschinenwerbung lohnt sich zudem der regelmäßige Export sogenannter Suchwortberichte, die Aufschluss darüber geben, bei welchen Keywords die Ads ausgespielt wurden. Auf diese Weise lassen sich beispielsweise Keywords identifizieren, die kaum Erfolge bringen.

Die besten Reportings helfen jedoch nicht, wenn daraus nicht operative Maßnahmen abzuleiten sind, welche den Erfolg sichern oder gar steigern. Die Aufstellung und Umsetzung dieser Maßnahmen setzt voraus, dass die Verantwortlichen entsprechend geschult sind. Google bietet für seine Produkte ausführliche Hilfeseiten und Schulungen an. Alternativ können hierfür Experten konsultiert werden, die entweder beratend zur Seite stehen oder die Betreuung operativ übernehmen.

Fazit

5

Die Möglichkeiten der Personalakquise über das Internet sind vielfältig und nicht leicht zu durchschauen. Nicht alle Kanäle sind gleichermaßen für alle Branchen und Berufsbilder geeignet. Stellenbörsen im Internet, eine attraktive, nutzerfreundliche Karrierewebseite und das Suchmaschinenmarketing hingegen sind die Kanäle, die sich über viele Unternehmensbereiche und -branchen hinweg vielversprechend nutzen lassen.

Ein entscheidender Nachteil bekannter Internet-Stellenbörsen liegt im dort vorhandenen Wettbewerb und der vergleichsweise hohen Kosten in Kombination mit vergleichsweise geringer Flexibilität. Das Suchmaschinenmarketing hingegen kann durch langfristig angelegte SEO-Maßnahmen und kurzfristig und flexibel greifende SEA-Maßnahmen für Zulauf auf der eigenen Karriereseite sorgen.

Insbesondere die Suchmaschinenwerbung bietet durch detailliertes Targeting zahlreiche Optionen zur optimalen Ansprache von Bewerbern, von „klassischen" Ads über kreativ angelegte Display-Kampagnen bis hin zum strategisch ausgerichteten Remarketing. Wer sich regional positionieren möchte, hat hier gute Chancen, günstig Bewerber zu akquirieren.

Abschließend finden Sie hier einige Leitfragen, die Ihnen den Einstieg in das Suchmaschinenmarketing in der Personalakquise erleichtern sollen. Anhand dieser können Sie überprüfen, inwieweit sich die Suchmaschinenwerbung in Ihrem Unternehmen effizient zur Personalakquise einsetzen lässt:

© Springer Fachmedien Wiesbaden GmbH, ein Teil von Springer Nature 2018
T. Piening und S. Kampmeyer, *Suchmaschinenmarketing in der Personalakquise*, essentials, https://doi.org/10.1007/978-3-658-22806-4_5

Fragen, die Sie mit „Ja" beantworten können sollten, bevor Sie SEA-Maßnahmen angehen

- Wissen Sie, wer Ihre potenziellen Bewerber sind und wie sie im Internet nach Stellen suchen?
- Haben Sie bereits eine Karriereseite oder Unterseiten zur Publikation offener Stellen angelegt?
- Haben Sie möglicherweise ein Webanalyse-Tool auf Ihren Seiten integriert, um die Besuche Ihrer Seiten und die Besucher auf Ihren Seiten bestmöglich zu verstehen?
- Ist diese Seite/sind diese Seiten bereits suchmaschinenoptimiert und entspricht/ entsprechen den Nutzer-Bedürfnissen?

Können Sie die Mehrheit der obigen Fragen mit „Ja" beantworten, sind die Grundvoraussetzungen für eine erfolgsversprechende Suchmaschinenwerbung bereits gegeben.

Schritte beim Start in die Suchmaschinenwerbung

- Definieren Sie Ihre Zielgruppe! Konkretisieren Sie, wen Sie ansprechen wollen sowie wo und wie sich Ihre Kandidaten am besten ansprechen lassen.
- Legen Sie ein Werbekonto bei Google an und implementieren Sie die Pixel, um später auch das Retargeting nutzen zu können.
- Wollen Sie Ihre Kandidaten mittels grafischer Werbemittel ansprechen, sollten Sie ein Set der gängigsten Banner-Formate erstellen (lassen) und dort die wichtigsten Key-Facts sowie einen „Call-to-Action" unterbringen, um die Besucher zum Klicken zu animieren.
- Führen Sie eine Keyword-Recherche durch und legen Sie die wichtigsten Keyword-Kombinationen für Ihr Vorhaben fest.
- Erstellen Sie eine Retargeting-Strategie und entscheiden Sie, welche Zielgruppe die für Sie vielversprechendste ist.
- Legen Sie nun die unterschiedlichen Kampagnen, Anzeigengruppen und Anzeigen sowie Zielgruppen im Ads-Konto an und starten Sie Ihre Maßnahmen.
- Behalten Sie die wichtigsten Kennzahlen im Blick und reflektieren Sie die Maßnahmen anhand der Daten in Ihrem Web-Analyse-Tool. Ein regelmäßiges Reporting, in dem Sie die wichtigsten Kennzahlen festhalten, zeigt Ihnen Entwicklungen auf und weist auf Optimierungspotenziale hin.

Der Vollständigkeit halber darf nicht unerwähnt bleiben, dass der Such-maschinenwerbung auch Grenzen gesetzt sind. Genannt sei hier etwa das Prob-lem der Ad Blocker, die verhindern, dass den Nutzern Werbebanner ausgespielt werden. Einige potenzielle Kandidaten lassen sich daher mittels Suchmaschinen-werbung nicht erreichen. Ein weiterer Punkt betrifft die Erfolgsmessung der Maßnahmen: Eine eindeutige Zuordnung, die es ermöglicht, eine eingegangene Bewerbung als Resultat von SEA-Maßnahmen erkennen zu können, ist nur mög-lich, wenn ein digitales Bewerbungsformular eingesetzt wird, was seinerseits wie-der Möglichkeiten der Erfolgsmessung bietet. Nichtsdestotrotz zeigen zahlreiche Beispiele in der Praxis, dass sich die Umsetzung von SEA-Maßnahmen trotz sol-cher Einschränkungen lohnt.

Was Sie aus diesem *essential* mitnehmen können

- Wissen, um Ihre bisher umgesetzten Maßnahmen in der Online-Personalakquise zu bewerten
- Ein Verständnis für die Funktionsweise und die Möglichkeiten der Suchmaschinenwerbung bei der Rekrutierung von Bewerbern
- Hinweise zum effizienten Einsatz der Suchmaschinenwerbung in der Personalakquise
- Praktische Empfehlungen zur Umsetzung eigener Maßnahmen in der Suchmaschinenwerbung
- Hilfreiche Informationen und Tipps zum Einbezug evaluierender Kennzahlen, um ein laufendes Monitoring sowie einen steten Optimierungsprozess zu implementieren.

© Springer Fachmedien Wiesbaden GmbH, ein Teil von Springer Nature 2018   55
T. Piening und S. Kampmeyer, *Suchmaschinenmarketing in der Personalakquise,*
essentials, https://doi.org/10.1007/978-3-658-22806-4